ROSA DA LIBERDADE

A história de Rosa Miyake
e do programa de TV *Imagens do Japão*

Consulte nosso catálogo completo e últimos lançamentos em **www.editoracontexto.com.br**.

RICARDO TAIRA

ROSA DA LIBERDADE

A história de Rosa Miyake
e do programa de TV *Imagens do Japão*

editora**contexto**

Foto de capa
Arquivo pessoal de Rosa Miyake

Montagem de capa e diagramação
Gustavo S. Vilas Boas

Preparação de textos
Lilian Aquino

Revisão
Ana Paula Luccisano

Dados Internacionais de Catalogação na Publicação (CIP)

Taira, Ricardo
Rosa da Liberdade : a história de Rosa Miyake
e do programa de TV Imagens do Japão / Ricardo Taira. –
São Paulo : Contexto, 2018.
128 p. : il.

ISBN 978-85-520-0077-8

1. Miyake, Rosa, 1945 – Biografia 2. Apresentadores
(Teatro, televisão, etc.) – Brasil – Biografia 3. Imagens
do Japão (Programa de televisão) 4. Televisão brasileira
I. Título

18-1709	CDD 927.9145

Angélica Ilacqua CRB-8/7057

Índices para catálogo sistemático:
1. Apresentadores de televisão : Biografia

2018

Editora Contexto
Diretor editorial: *Jaime Pinsky*

Rua Dr. José Elias, 520 – Alto da Lapa
05083-030 – São Paulo – SP
PABX: (11) 3832 5838
contexto@editoracontexto.com.br
www.editoracontexto.com.br

A ROSA

Numa cidade de italianidade
no canto do bairro oriental,
o sol desabrochou uma flor.
Seu brilho encantou o jardim verde-amarelo.
Seu nome é ROSA

Hidenori Sakao

Para Heitaka, Eizo, Fujiko, Akio e Eishin Taira, meu pai;
e aos imigrantes que refizeram a vida no Brasil.

SUMÁRIO

PREFÁCIO

As ruas enfeitadas com bandeirolas do Brasil e do Japão, acompanhadas das tradicionais lanternas de papel machê, indicavam que aquele 11 de dezembro de 1966 seria um dia especial no bairro da Liberdade, ponto de concentração da comunidade japonesa no centro de São Paulo. Os fins de semana sempre foram especiais na Liberdade, quando muitos almoçavam fora de casa, encontravam os amigos para uma prosa, invadiam sorveterias, compravam quinquilharias para os afazeres domésticos, iam ao teatro e, principalmente, ao cinema.

Pelo menos, quatro cinemas disputavam a preferência do público naquela região central da cidade de São Paulo: o Niterói, também chamado de Toei, na rua Galvão Bueno; Cine Nippon, conhecido por Shochiko, na rua Santa Luzia; o Cine Joia (Toho), na Praça Carlos Gomes; e o Cine Tokio, o famoso Nikkatsu, na rua São Joaquim. Todos disputavam o público com uma seleção de filmes refinados e de diretores consagrados. O Toho, por exemplo, tinha a exclusividade sobre as obras de Akira Kurosawa. Os cinemas eram elegantes, alguns com 1.500 lugares, balcões e restaurantes.

Embora a maioria das exibições fosse de produções japonesas, os cinemas também intercalavam o calendário de programação com obras de diretores brasileiros e norte-americanos. Mas o que o público gostava mesmo era de admirar na tela grande a saga dos ancestrais vivenciada por atores como Toshiro Mifune, e por diretores do calibre de Akira Kurosawa, Yasujiro Ozu e Nagisa Oshima.

Ingressos esgotados, casa cheia, eram normais nos cinemas daquele recanto oriental em um país que, nos idos dos anos 1970, registrava a presença de 30 mil imigrantes japoneses, praticamente adaptados ao dia a dia da terra distante, imagem ainda presente na mente dos pioneiros da imigração, que vieram para cá com planos de ganhar algum dinheiro e voltar ao convívio da família na terra natal assim que fosse possível. A realidade, porém, tratou de mudar os planos e a maioria não retornou à Terra do Sol Nascente.

Aquele domingo não havia tempo para lembranças. O bairro estava em festa, havia uma excitação no ar, muito além do que a festiva comunidade pudesse proporcionar. Moradores vestidos com elegância foram logo cedo às igrejas, aos templos budistas, fazer as orações, cumprir com as obrigações junto aos santos e aos deuses. Prestaram a tradicional homenagem ao imperador Hirohito, também reverenciado nas mensagens positivas, e depois entraram nas filas dos restaurantes. Era comer e se dirigir em seguida para a porta do Cine Nikkatsu, onde aguardariam o convidado especial daquela tarde.

A rua São Joaquim, uma travessa da avenida Liberdade, foi tomada por uma multidão jamais vista, ou melhor, a cena só se repetiria no ano seguinte, 1967, quando o príncipe Akihito e a princesa Michiko, herdeiros do trono imperial, conheceriam a Liberdade na passagem por São Paulo. Naquela tarde, nada menos que Roberto Carlos, o rei da juventude, o cantor que provocava desmaios entre as moças, comandava o programa *Jovem Guarda*, na TV Record e TV Rio, e liderava as paradas de sucesso, se apresentaria pela primeira vez, com exclusividade, para a colônia japonesa.

A façanha de levar o "rei" ao Cine Nikkatsu foi dos irmãos e produtores Kohei e Mario Okuhara, sócios na Rádio Santo Amaro, que usavam o prédio do cinema para apresentar artistas de origem nipônica nos encontros com a comunidade em datas festivas. Mais tarde, Mario Okuhara migraria para a televisão, onde lançaria o programa *Imagens do Japão*, que se tornaria um dos mais longevos da história da TV brasileira. A multidão do lado de fora aguardava ansiosamente. Sorte daqueles que tinham conseguido comprar os ingressos, ou ganhado as entradas através de sorteios promocionais. Os demais teriam que se contentar em ver o *staff* do famoso cantor abrir caminho entre o mar de gente.

Para surpresa geral, Roberto Carlos chegou em um Karmann Ghia vermelho, o carro nacional sensação na época. Lentamente, desfilou entre os fãs na rua São Joaquim, com a passagem sendo aberta por dois batedores da polícia em motocicletas. Sem histeria, os japoneses aplaudiam a figura que esbanjava emoção nas tardes de domingo em pleno endurecimento do regime militar. Depois daquela apresentação, o cantor seguiria para o estúdio da TV Record, não muito longe dali, na rua da Consolação, para comandar, ao vivo, seu programa, que começava pontualmente às 18 horas.

Roberto Carlos queria cantar uma música no idioma japonês e uma jovem da produção da Rádio Santo Amaro ficou encarregada de ajudá-lo na pronúncia. O cantor usava uma calça jeans boca de sino, botas brancas e uma camisa também branca de gola alta e mangas compridas. No peito ostentava um medalhão com a imagem de Jesus Cristo em relevo. Sempre sorridente e segurando um violão, foi cumprimentando um por um nos bastidores. Era tanta gente, o ar estava abafado, mas a produção separou uma pequena sala para que o ídolo pudesse ensaiar rapidamente os acordes da composição nipônica. No palco, os artistas, a maioria calouros, se revezavam e o apresentador, o próprio Mario Okuhara, alimentava o clima de ansiedade, fazendo uma espécie de contagem regressiva para a entrada do rei.

Rosa, a jovem encarregada de ministrar o curso-relâmpago de nihongo (idioma japonês), sentiu o coração acelerar e a respiração se tornar ofegante, ao cumprimentar o cantor, que em um gesto de respeito e cavalheirismo lhe beijou a mão. Sentaram-se frente a frente e Rosa cantou para ele a música "Sukiyaki", composição de Kyu Sakamoto:

"Ue o muite arukou
namida ga kobore naiyou ni
omoidasu haru no hi
hitoribochi no yoru
Ue o muite arukou
nijinda hoshi o kazoete
omoidasu natsu no hi."

"Eu ando olhando para cima
Para que as lágrimas não caiam
Relembrando aqueles dias de primavera
Mas esta noite estou só
Eu ando olhando para cima
Contando as estrelas com olhos lacrimejados
Relembrando aqueles dias de verão."

Roberto Carlos ouviu tudo com muita atenção, anotou e se mostrou maravilhado com a voz doce da jovem cantora, que vestia um tubinho amarelo feito de crochê. O cantor escreveu em letras romanas a pronúncia e grudou o papel na parte de cima do violão. Duas passagens batendo os acordes foram suficientes para não esquecer mais a letra. Pronto, era hora de encarar a plateia. O cantor trocou de roupa, colocou uma camisa de cetim preta (naquela época, ainda não tinha a fixação por roupas de tom azul) e subiu com sua banda para cantar grandes sucessos como "Splish, splash", "Louco por você" e, no fim, "Sukiyaki".

Quando o programa *Jovem Guarda* deixou de ser exibido, em 1968, Roberto Carlos passou a fazer ainda mais shows pelo país e deu início a um gesto que se tornou tradicional em sua carreira. No final de cada espetáculo, passou a distribuir rosas vermelhas às fãs nas primeiras filas da plateia.

NASCE UMA ROSA

Março de 1945 marcou o início do fim da guerra do Pacífico. Foi quando as tropas norte-americanas desembarcaram ao sul do arquipélago japonês em Iwo Jima, que pretendiam tomar em apenas uma semana. Era o dia 16 de fevereiro e os sangrentos confrontos só terminariam 40 dias depois, com um saldo de 21 mil soldados japoneses e 7 mil soldados dos Estados Unidos mortos. A ilha, de 21 quilômetros quadrados, era estratégica para que os aviões militares americanos pudessem ser abastecidos e enviados a missões ainda mais complexas.

Outra frente de batalha se desenhava sobre a capital japonesa, Tóquio, palco do bombardeio mais destrutivo da história. Um verdadeiro ato insano, sacramentado, meses depois, pelas duas bombas atômicas em Hiroshima e Nagasaki. Foi a sequência mais destrutiva em uma guerra. O bombardeio de Tóquio tinha um nome. Era a missão Meeting House (Casa de Reunião), que usou nada menos que 334 aviões bombardeiros B-29, cada um capaz de despejar até 38 bombas incendiárias de napalm. O napalm foi criado na Universidade de Harvard, em 1942. Trata-se de mistura de ácidos e fluidos incendiários, à base de gasolina.

Despejadas a baixa altitude, naquele 9 de março de 1945, as bombas caíam e lançavam jatos flamejantes, como se fossem lança-chamas. Em terra, os bombeiros perderam o controle da situação e se viram cercados por um incêndio jamais imaginado para uma cidade vibrante e cheia de entusiasmo, que acompanhava a distância as batalhas nas ilhas, algumas milhares de milhas mar adentro. Hoje, há muita indignação com atos terroristas, como os alimentados até pouco tempo pelo Estado Islâmico (Isis) em relação ao uso de escudos humanos. A milícia infiltrava nos vilarejos, misturada à população, para tentar evitar que uma bomba desabasse sobre suas cabeças. Essa mesma indignação não fazia parte da visão dos estrategistas aliados que trucidaram a nação japonesa com suas armas poderosas, muitas delas em testes, como no caso das bombas nucleares.

As bombas incendiárias em Tóquio queimaram 4 mil hectares da cidade. Quarteirões sequenciais viraram cinzas. Nada menos que 100 mil pessoas, entre crianças, mulheres, idosos, morreram na hora. Há estudos que apontam até 130 mil mortes, somando os que foram socorridos e os que faleceram em hospitais. Um milhão ficou desabrigado. As chamas arderam sobre a cidade durante uma semana.

"Numa guerra não há vencedores, somos todos perdedores", uma frase célebre, mas que não condiz com a realidade. Aos vencedores dá-se o direito à pilhagem, enquanto os perdedores se tornam números. Aos vencedores se concede o direito de destruir tudo o que está em pé. Foi o que aconteceu na Alemanha após o fim da Segunda Guerra, quando cidades ainda intactas passaram a receber os estoques de bombas não despejadas durante o conflito. A bucólica Wuerzburg, à margem do Meno, onde tem início a chamada rota romântica, virou cinzas e precisou ser reconstruída do zero, o que foi feito com muita competência. O mesmo ocorreu com cidades japonesas onde as explosões redesenharam o cenário. O Domo de Hiroshima é um exemplo de resistência. São tragédias armazenadas na memória, e a superação física e estrutural se dá graças ao orgulho de uma nação e à perseverança dos súditos. Dezenove anos após a destruição maciça, o Japão sediava a Olimpíada de Tóquio, dando início ao mais impressionante processo de recuperação econômica de uma nação.

Naquele março de 1945, nasceu Rosa Yoshiko Miyake, caçula de seis irmãos. Veio ao mundo no município de Guararapes, interior de São Paulo, distante mais de 10 mil milhas de Tóquio. Os pais, imigrantes vindos de Okayama, e os irmãos Osvaldo Tameo, Paulo Tamaki, Olga Gakue, Tereza Hitomi e Laura Toyoko, ganharam a companhia da pequena Rosa na casa de madeira, bem simples, chão de terra batida. O pai, Raigo Miyake, foi integrante da Força Especial de Cavalaria do Japão; e a mãe, Tie Miyake, era uma estudante dedicada, e antes de pensar em casamento, tinha pretensões de se tornar cientista.

Arquivo pessoal de Rosa Miyake

Rosa, ao centro, com as irmãs, o irmão (agachado) e a mãe Tie (segunda da direita para a esquerda).

A plantação de cana-de-açúcar na área em frente à casa de chão de terra era o local preferido das brincadeiras dos seis irmãos. No fundo da casa, havia um pequeno galpão, onde eram guardados equipamentos e sementes usados no campo. Também havia um ofurô de latão, feito pelo sr. Miyake, no qual as crianças se divertiam, cantavam e ouviam histórias sobre a guerra do Pacífico, ao mesmo tempo que se banhavam naquela água aquecida à lenha. Rosa gostava do esconde-esconde e se divertia ao procurar as outras crianças em meio à densa vegetação. Uma família unida, que tinha no imigrante Raigo de Okayama seu maior ponto de apoio. Era ele quem comandava os trabalhos no canavial e na plantação de alface. A qualidade obtida com os produtos o transformou no preferido dos feirantes da região e do mercado municipal. Caixas e mais caixas de alfaces eram preenchidas por todos na família, inclusive pela pequena Rosa, que se lembra de ajudar os irmãos a partir dos 4 anos de idade.

A plantação de hortaliças em geral necessita de cuidados constantes. Não se pode baixar a guarda, caso contrário, uma geada põe tudo a perder. Seu Miyake era um exímio "meteorologista" por pura intuição. Fazia valer a sabedoria dos in-

Rosa e a mãe Tie, em Tóquio, e o pai, Raigo:
os dois foram fundamentais no incentivo da música em sua vida.

terioranos que lidam com a terra e percebem o que vai acontecer no clima a partir da direção do vento e do movimento das nuvens. Nunca foi prejudicado por uma geada. Levantava de madrugada para regar as plantas a fim de evitar que as folhas queimassem. Os outros verdureiros não agiam da mesma forma e constantemente amargavam prejuízos. A exemplo do sr. Miyake, os imigrantes japoneses aprimoraram as técnicas do plantio de hortaliças, passaram a usar terrenos planos para que a água fosse aplicada com a mesma intensidade em toda a área e, em muitos casos, a produtividade triplicava.

A canção de guerra a seguir fala de saudade, da vontade de retornar à Terra do Sol Nascente, sonho acalentado por milhares de imigrantes japoneses que desembarcaram no Brasil, a partir de 1908, para trabalhar na agricultura:

"... *katte kuruzoto isamashiku tikate kunio detakarawa, kegara tatezuni kaeryouka shingum rapa kikutabini matutani ukabu haha no kao.*"

"... prometi à minha pátria que voltaria vitorioso, como poderia voltar assim de mãos vazias, sem vitória? Sempre que ouço o som da corneta lembro o rosto de mamãe."

15

Rosa e os irmãos foram alfabetizados no idioma japonês e os pais, como todos os demais imigrantes nipônicos, tinham dificuldade em encontrar livros e revistas escritos na língua natal. Durante a Segunda Guerra, os textos em japonês foram abolidos, jornais da comunidade deixaram de circular, com o risco de prisão de quem fosse apanhado com um exemplar escondido dentro de casa. No pós-guerra, as restrições foram caindo aos poucos, mas depois de tantos anos de bloqueio cultural, já não havia onde procurar as publicações. Justamente por isso, o aprendizado das famílias acontecia dentro de casa, com as informações passadas de uma geração à outra. A mãe de Rosa se encarregava de contar as histórias sobre o país, sobre personagens importantes da vida japonesa e, principalmente, fatos relativos à família imperial; e o sr. Raigo era quem cuidava da "parte artística", como ensinar as canções, algumas melancólicas, como as da guerra, mas outras bem infantis:

"... ookina kuri no ki no shita de
anata to watashi
tanoshiku asobi mashou
ookina kuri no ki no shita de."

"... Debaixo da grande castanheira
Você e eu
Vamos brincar alegremente
Debaixo da grande castanheira."

As irmãs Miyake desenvolveram o dom da música, do canto, graças à iniciativa dos pais, que sem superar a barreira do idioma, conseguiram transmitir a importância da arte como valorização do ser humano. Sem muito alarde, buscavam nas reminiscências a motivação para seguir em frente. Um pedacinho do Japão na casa de chão batido no Brasil caipira do interior paulista.

Num país atrasado e em transformação, tudo era distante. O mercado, a loja, a barbearia. Para atender a muitos dos anseios da população em termos de consumo, destacava-se a figura dos caixeiros-viajantes, ou "os turcos", como se costumava dizer na época em razão do grande número de imigrantes de origem árabe que fazia o trabalho de venda de porta em porta. Roupas e sapatos eram os artigos de primeira necessidade para quem passava o dia na roça, em regiões de mata adentro. Havia também os que levavam ornamentos, como brincos, pulseiras, prendedores de gravata e relógios.

"Tudo muito caro", dizia seu Miyake ao caixeiro, tentando negociar algum desconto para ter uma camisa branca de linho, que ficaria guardada até o dia de um evento especial, como o casamento de um filho. Miyake-san serviu na cavalaria imperial em Okayama. No exército, vestia um fardamento que mais parecia traje de um baile de gala. O casaco era azul-escuro, uma cor tão forte a ponto de não permitir descrever a tonalidade a distância. As ombreiras traziam o brasão da Casa Imperial, e duas carreiras de botões dourados no peito davam a impressão de uma armadura. Calças bem justas de um tom azulado mais claro e botas até os joelhos. Um capacete com abas abertas, lembrando o elmo dos samurais, e o espadim reluzente na cintura completavam a indumentária. Desse conjunto, o pai de Rosa trouxe apenas uma medalha de mérito por bravura. Ele sabia que sua vida mudaria para sempre e, por esse motivo, tentava abolir o passado.

Se não havia como comprar muitas das mercadorias oferecidas pelos caixeiros, as filhas eram compensadas pelas habilidades manuais de dona Tie. Ela costurava sapatos. Fazia os moldes de acordo com o tamanho dos pés das meninas, cortava fatias grossas de panos, juntava as fatias até ter consistência bastante para um solado. Depois costurava, sempre à mão, as laterais para ter o visual de uma botinha. As laterais eram fechadas com lacinhos do cadarço. O trabalho artesanal enchia de orgulho as pequenas, que tinham de tempos em tempos um sapatinho novo para exibir.

Rosa se lembra do dia em que ficou muito assustada ao ver os dois irmãos mais velhos brigando. Eram desavenças sobre invasão de privacidade. Um mexia nas coisas do outro. Pegava "emprestado" uma roupa e nunca mais devolvia. Irritados, os dois acabaram discutindo, passaram aos gritos, troca de empurrões e, finalmente, socos.

A paciência, a introspecção, o controle sobre a mente e a autoconfiança são os atributos que distinguiam um bom guerreiro, um bom samurai. A regra é não lutar utilizando somente a própria destreza, mas também desestabilizando o adversário. Fazer com que o inimigo se desoriente e se perca nas próprias forças. A história mostra que no principal desafio de sua existência, Miyamoto Musashi, o maior espadachim da história japonesa, usou a sabedoria para desestabilizar e derrotar Sasaki Kojiro, outro grande nome e hábil manuseador da katana, a espada samurai, e criador do estilo Ganryu, que utiliza a espada longa. Hoje, há um monumento em Ganryujima, entre Honshu e Kyushu, no local da luta em 1612. A obra é considerada uma transposição ao momento exato do golpe que encerrou a contenda. Quem olha de longe tem a impressão de que Musashi está dando um salto, está suspenso no ar, segurando a espada de madeira com as duas mãos, e Kojiro em uma posição clássica de defesa.

Miyamoto Musashi, filho de Munisai, seu primeiro mestre na arte da espada, venceu mais de sessenta duelos contra os principais estilos desenvolvidos de norte a sul do Japão. Ao escrever suas memórias no *Livro dos cinco anéis*, revelou que não saberia afirmar se suas vitórias foram por destreza ou pela fraqueza dos adversários. Ao criar o estilo Niten Ichi Ryu, que significa estilo dos Dois Céus em Um Só, estabeleceu o uso de duas espadas, uma longa e outra mais curta, mas, nem sempre, as duas são desembainhadas simultaneamente.

No desempenho pessoal em combates, há que se destacar o valor psicológico das táticas usadas por Musashi. Como conta William Scott Wilson no livro *O samurai: a vida de Miyamoto Musashi*, no dia do duelo, Sasaki Kojiro estava no lugar e horário marcados, acompanhado de seus fiscais, senhores de boa índole e respeitados na comunidade local, que davam legitimidade aos desafios de morte. Com sol forte, as temperaturas estavam elevadas naquela manhã. Só faltava um detalhe, Musashi. Ele passara a noite em Shimonoseki, um vilarejo um pouco distante de Ganryujima. Dois mensageiros precisaram ir acordá-lo para lembrá-lo do atraso. Ele, então, se dirigiu para o porto, onde um barco e um remador o esperavam para fazer a travessia. Antes, porém, mais uma parada. Pediu um remo e esculpiu uma espada de madeira longa. Sasaki era imbatível com sua espada longa, apelidada "varal".

Enquanto aguardava o adversário, Sasaki Kojiro demonstrou estar ofendido com a demora, suava e caminhava de um lado para o outro, gritando impropérios contra Musashi. Ao ver o barco se aproximando, correu rumo à beira e gritou ainda mais alto. Tranquilamente, Musashi desceu do barco antes que aportasse e foi caminhando com a água na cintura até o encontro do lutador irado, que não parava de berrar. De repente, Kojiro tirou a bainha da cintura e a jogou no mar. Ao ver aquele gesto, Musashi preconizou:

– Você perdeu, Kojiro.

Tão logo Musashi pisou em terra firme o duelo foi iniciado. A espada longa e reluzente de Kojiro parecia se dividir em três, tamanha a ferocidade do ataque. Com firmeza, Musashi se desvencilhava dos golpes, mas não o suficiente para evitar um corte de sete centímetros na perna e alguns rasgões na roupa. O filho de Munisai usava a espada longa improvisada, feita a partir de um remo. Dominado pela ira e cansado da espera sob o sol, Kojiro não raciocinou como fizera em lutas anteriores, que o transformaram em celebridade. Segurando a espada sobre a cabeça com as duas mãos, Musashi acertou um golpe na testa de Kojiro, que desabou de bruços no chão. Musashi se aproximou e deu a estocada fatal nas costas do adversário.

O legado de Musashi e de outros espadachins da história nipônica ajuda a explicar a introspecção dos japoneses e realça a teoria de usar a força do adversário contra ele mesmo. O lado psicológico pesa em momentos de decisão em que ambas as partes se encontram sob pressão.

Quando se toma uma decisão sábia, costuma-se dizer que o espírito de Musashi fez sua intervenção, da mesma forma como os cristãos falam da intervenção do Espírito Santo ou da Virgem Maria.

Enquanto os irmãos de Rosa brigavam, seu Miyake observou tudo a distância. Esperou os dois filhos rolarem sobre a terra do quintal e, sem pressa, foi até o pequeno galpão e retirou de lá uma foice e um facão, instrumentos de trabalho pendurados em ganchos ao lado de outras ferramentas. Se pensarmos no tempo dos ancestrais, poderia se considerar a foice a espada longa e o facão, a curta. Seu Miyake andou normalmente até os dois, que se mantinham agarrados, e, então, berrou:

– Ei vocês, esperem um pouco!

Ofegantes, os dois rapazes olharam em direção ao pai.

– Querem continuar brigando? Eu vou deixar aqui essas ferramentas, assim fica mais fácil vocês se matarem.

Largou a foice e o facão e se afastou. Recostou-se junto à parede da casa e ficou olhando para os jovens que se levantavam e batiam nas roupas para tirar um pouco da poeira. Um começou a acusar o outro pela derrocada da discussão em briga.

– Foi você!

– Eu não, foi você!

O pai continuava recostado à parede e olhando fixamente para os filhos, que sequer tocaram as ferramentas largadas no chão. Seu Miyake, então, apanhou a foice e o facão e quis que cada um segurasse uma delas. Os rapazes colocaram as mãos para trás. Confusos e envergonhados, os irmãos ficaram cabisbaixos e pediram desculpas. A mãe, dona Tie, também acompanhava todo aquele tumulto e, quando tudo terminou, olhou em direção ao marido e, da mesma forma, baixou a cabeça em sinal de respeito.

APRENDENDO A CANTAR

De vez em quando surgiam antigos conhecidos do seu Miyake que tinham deixado Guararapes para se aventurar em outros cantos do país e do estado de São Paulo. Muitos estavam se concentrando no bairro da Liberdade, no centro da capital, e abrindo comércio e restaurante. O pai de Rosa viu uma oportunidade em Itapecerica da Serra, município ao lado da cidade de São Paulo, que estava arrendando terra a baixo custo para quem quisesse explorar o ramo de hortaliças, frutas e granjas. Muitos imigrantes estavam se deslocando para lá.

Seu Miyake resolveu arriscar e se mudou com toda a família. Foram morar numa casinha simples de dois quartos em meio a um roçado imenso. No começo, o prendado verdureiro mostrou que estava lá para fazer dinheiro e plantou o máximo que conseguiu de pés de alface, cebola, cebolinha e manjericão. Sempre que acabava de encaixotar mais uma remessa de verduras, comemorava o feito saboreando várias doses de cachaça, costume que adquirira desde a juventude. Provavelmente, o gosto pela aguardente ajudou a desenvolver um câncer de bexiga, que consumiu as forças do seu Miyake rapidamente. Começou, então, a frequentar hospitais e deixou os cuidados da chácara com a família, que não tinha a mesma destreza do prendado verdureiro. A doença se alastrou e o pai de Rosa faleceu aos 45 anos de idade.

Foi como se o mundo desabasse sobre as cabeças daquela gente simples, que lutava pela sobrevivência em uma terra hostil, ainda com preconceito em relação aos japoneses, os inimigos pertencentes ao Eixo. Dona Tie, que costumava baixar a cabeça em respeito ao marido, mostrou que também sabia erguê-la e decidiu seguir em frente, com a ajuda do ani-san Osvaldo, o filho mais velho, que pela tradição japonesa assume o papel do pai no cuidado aos outros membros da família. Todos falavam com dificuldade o português, pois o idioma predominante em casa era o japonês, mas estava na hora de mudar o ritmo da alfabetização. Dona Tie conseguiu vagas para as filhas em uma escola que atendia à grande quantidade de filhos de imigrantes, lá mesmo em Itapecerica da Serra.

A mãe, que sempre dizia para os filhos estudarem o nihongo (idioma japonês) para não perderem as raízes, demonstrou uma mudança radical de sua visão de mundo. A escola contratou uma professora bastante severa, que não permitia um som fora de hora dos alunos. Os filhos de imigrantes eram disciplinados e poucas vezes foi preciso chamar a atenção de alguns deles. Uma lousa e cadeiras formavam a sala de aula. As crianças seguravam os cadernos nas mãos, não havia encosto de braço ou suporte. Era tudo muito simples. Foi o primeiro contato de Rosa com o alfabeto português:

– A, e, i, o, u.

Muito fácil aprender as cinco vogais. O som das vogais também faz parte do vocabulário japonês. O drama começou quando se passou a juntar a vogal e a consoante.

– Ra, re, ri, ro, ru.

O som que formava o próprio nome deixou Rosa em situação constrangedora. A pronúncia não saía da forma correta:

– La, le, li, lo, lu.

Era o máximo de aproximação que ela conseguia. O "já" saía com som de "zá". A língua enrolava. A fonética gutural era uma incógnita para aquelas crianças que voltavam para a casa e continuavam conversando em japonês, principalmente porque os pais não tinham a menor intimidade com o idioma português.

Diferentemente da postura do marido, dona Tie, viúva aos 43 anos, sabia que não poderia confinar os filhos dentro de uma chácara cuidando de hortaliças. Ela mesma não tinha habilidade no trato da terra e queria ver os filhos estudando e conquistando diplomas. Nessa época, ela veio à capital por diversas vezes para conversar com amigos e buscar opções de sobrevivência. Como era hábil costureira, conseguiu emprego em uma fábrica de roupas na Vila Esperança, bairro da zona Leste de São Paulo, e decidiu se transferir para uma casa alugada na Penha, um bairro vizinho ao da pequena indústria.

A primeira providência foi matricular as filhas na escola. As irmãs de Rosa estavam na adolescência e já se viravam sozinhas. Os dois irmãos mais velhos preferiram partir para a busca de emprego e Rosa foi colocada no Grupo Escolar Professor Passalacqua, que funcionava em um conjunto de três prédios térreos, com um amplo espaço central, para receber mais de duas centenas de crianças. Todos vestiam uniforme e Rosa, aos 7 anos, precisou ser acompanhada pela mãe até conhecer o caminho, que era feito a pé. A menina lembra que seu maior problema no início foi pedir licença para ir ao banheiro. Que palavra difícil: "banheiro".

Duas vezes por semana, no período da tarde, quando retornava da escola, Rosa ia com a mãe até a fábrica para buscar cortes de roupa. Um pacote no colo da mãe e outro no dela. Dona Tie desembrulhava os pacotes e colocava os tecidos sobre uma cadeira ao lado da máquina de costura. Era animador ver a mãe manuseando e juntando aquelas partes cortadas, que se transformavam em saias, calças e camisas. Muitas vezes, a costureira habilidosa só parava de trabalhar quando a madrugada chegava. Ela nunca deixou de cumprir suas tarefas, seja na fábrica ou em casa. Estava sempre presente e atenta aos passos dos filhos.

Com os filhos crescendo, a situação financeira da família foi melhorando. O irmão mais velho, Osvaldo, se tornou fotógrafo; o outro, Paulo, relojoeiro. As irmãs fizeram curso de cabeleireiro e conseguiram adquirir um salão de beleza na avenida Sumaré, perto de onde funcionava a TV Tupi, na época a maior emissora do continente sul-americano. Foram suas clientes gente famosa, como as atrizes Laura Cardoso, Lolita Rodrigues e Georgia Gomide. Até hoje, uma das irmãs, Tereza, segue na profissão de cabeleireira.

As canções japonesas, sobretudo as folclóricas, rondavam na mente da jovem que sempre mostrou aptidão para a vida artística. Era a pessoa que dava graciosidade aos encontros familiares, na realidade, sua pequena plateia, formada por gente querida. A intimidade fazia com que a pequena Rosa se soltasse e mostrasse seu conhecimento do gestual de dança, ao mesmo tempo que colocava a voz em composições emotivas e também alegres. Seus parentes acompanhavam com palmas, gesto de felicidade e aprovação.

Sua mãe sempre foi uma visionária e sabia que aquele talento não poderia ser desperdiçado. Aos 14 anos, Rosa foi matriculada em uma escola de música, que funcionava em um sobrado na avenida Brigadeiro Luís Antônio, na descida após a avenida Paulista, sentido Jardins. Um professor alemão, de nome Rolf, dava aulas de piano clássico e canto. Seus alunos eram pessoas com mais idade, senhores e senhoras, muitos dos quais atuavam em corais e buscavam um aperfeiçoamento para atuações no palco. A partir daquele momento, a tímida Rosa deixou de ter o suporte familiar e tinha que justificar a esperança depositada nela pela mãe. Em suas primeiras aulas, tentou se manter o mais discreta possível. Escolheu uma cadeira com braço para anotações bem no canto da sala. Queria se tornar invisível. Ouvia aqueles adultos posicionarem a mão sobre o piano para interpretar canções eruditas, mas não se atrevia a fazer o mesmo.

Era uma sexta-feira e o dia amanheceu chuvoso. O trânsito ficou ruim e o ônibus atrasou. Quando Rosa chegou à escola de música, os ensaios já haviam começado, o professor estava ao piano e explicava o significado da composição para a plateia atenta. Logo que abriu a porta, Rosa pediu desculpas pelo atraso em uma frase quase inaudível. O professor Rolf, então, a surpreendeu:

– Rosa, estávamos falando justamente de você.

A jovem olhou incrédula em direção ao professor e mostrou desconforto.

– É mesmo? Eu me atrasei, porque...

– Não tem nada a ver com o atraso. Decidimos que hoje vamos ouvi-la cantar.

Rosa quis desaparecer. Queria virar um pequenino inseto e sair voando pela janela. Enrubescida e ofegante, agradeceu a sugestão, mas alegou não estar preparada à altura dos presentes para tamanho desafio. O professor insistiu e todos os alunos também se manifestaram.

– Vamos lá, Rosa, você está entre amigos.

A educação recebida dos pais e irmãos, o respeito à hierarquia e o momento de desafio fizeram a jovem superar a timidez e se posicionar ao lado do piano.

– Qual música? – perguntou o professor.

Rosa sabia que ele não deveria ter canções folclóricas japonesas no repertório e escolheu uma composição que era, na realidade, um tremendo sucesso na época por causa do filme italiano *Dio, come ti amo*. A composição de mesmo nome, gravada por Gigliola Cinquetti, também atriz do filme, tocava sem parar nas rádios. As primeiras batidas no teclado confirmaram o nascimento da maior cantora nipo-brasileira de todos os tempos:

"... Nel cielo passano le nuvole, che vanno verso il mare..."

Sucesso estrondoso diante daquele pequeno público na sala de aula, muitos aplausos e elogios. Quando Rosa se preparava para ir ao seu canto e voltar à sua rotina de timidez, o professor, empolgado, perguntou se os alunos presentes gostariam de ouvir a adolescente mais uma vez. Rosa esboçou uma reação, mas não teve como recusar diante dos pedidos. Ela, então, seguiu a trilha sonora de *Dio, come ti amo* e se aventurou em outro sucesso da mesma Cinquetti: "Non ho l'età".

"Non ho l'età, non ho l'età per amarti. Non ho l'età per uscire sola con te..."

A segurança demonstrada na interpretação da segunda música se tornou um momento de libertação para a garota de Guararapes. A insistência do professor foi a melhor aula de palco recebida até aquele momento. Um sentimento de gratidão com todos os que estavam naquela sala passou a acompanhá-la na vida artística. Ela se manteve na cadeira do canto nas aulas seguintes, mas passou a interagir com os demais e se tornou um dos orgulhos do professor Rolf.

O dia de Rosa também era preenchido com as aulas formais em escolas públicas. Em 1959, ela se formou no ginasial (hoje fundamental I) no Liceu Marechal Deodoro, na rua Rudge, no Bom Retiro. E também estudou Contabilidade na rua Álvares Penteado, perto do Largo São Francisco.

Arquivo pessoal de Rosa Miyake

A estudante Rosa Miyake em dois momentos importantes: formatura no ginasial no Liceu Marechal Deodoro e, anos depois, na escola de Contabilidade, ambas em São Paulo.

Ao avançar no aperfeiçoamento do canto, Rosa passou a frequentar os concursos de musicais e a participar de programas de auditório nas emissoras de rádio. Os dois irmãos homens, mais velhos, não gostaram da decisão, mas concordaram quando a mãe afirmou que a acompanharia em todos os eventos. O talento nato e a beleza exótica logo encantaram os apresentadores, sobretudo os donos da Rádio Santo Amaro, que funcionava em um prédio na praça da Liberdade e tinha uma programação dedicada ao público nipo-brasileiro.

Aparição de Rosa, aos 15 anos, em um programa da extinta TV Excelsior.

Rosa gostava de cantar as músicas da consagrada artista japonesa Misora Hibari (1937-1989), que interpretava o estilo enka, uma mistura de composições tradicionais do Japão com o balanço do jazz e do blues norte-americanos. O enka surgiu como forma de protesto, era quase uma sátira ao estilo musical norte-americano, mas acabou caindo no gosto popular. Uma das canções, "Ai san san" ("Amor refulgente/resplandecente/luminoso"), tinha os seguintes versos:

"Ame san san' to kono mi ni ochite
Wazuka bakari no un'no warusa wo
Urandari shite
Hito wa kanashii kanashii mono desune
Sorede mo kako tachi wa
Yasashiku matsuge ni ikou
Jinseitte fushigi na mono desune"

"A chuva cai copiosamente no meu caminho.
Por um instante, fico cansado da má sorte.
Como são tristes os seres humanos!
Mesmo assim, os antepassados
carinhosamente olham por nós.
Como é misteriosa a vida."

25

OS IRMÁOS OKUHARA

Mesmo com o advento da televisão, o rádio não perdeu espaço nos lares brasileiros, até porque o televisor era considerado caro para os padrões do país. Nem todos poderiam arcar com as prestações para ter uma daquelas caixas de válvulas sobrepostas que costumavam queimar a cada oscilação de energia. Manter um televisor era tão caro quanto o próprio aparelho. Em São Paulo, a comunidade japonesa tinha como referência a Rádio Santo Amaro, dos irmãos e sócios Kohei e Mario Okuhara, que funcionava em um prédio na Praça da Liberdade, onde hoje é uma agência bancária.

A mãe de Rosa a inscreveu como caloura em algumas oportunidades, até para treiná-la na esperança de que se tornasse uma moça mais expansiva, deixando um pouco a atitude retraída, marca de jovens nipônicas que sorriam de forma comedida, cobrindo a boca com a mão.

Em concursos musicais na Rádio Santo Amaro na década de 1960, Rosa recebeu o prêmio de "A melhor cantora da colônia nipo-brasileira", em votação popular. Da mesma forma, conquistou o troféu "Voz de Ouro" da música japonesa. Foi também a primeira princesa do concurso Miss Nissei.

Com a voz melodiosa, meiga, Rosa entrou para o elenco da emissora e passou a cantar com frequência no programa. Era importante ter uma artista que tivesse a pronúncia perfeita do japonês e também conhecimento do idioma português quase sem sotaque.

Com uma programação intensa destinada à comunidade japonesa, a Rádio Santo Amaro revelou profissionais do entretenimento e do jornalismo. Foi onde, aos 15 anos, Boris Casoy, um dos nomes mais respeitados da imprensa nacional, conseguiu o primeiro emprego. Boris começou a trabalhar como locutor e sempre gostou de narrar competições esportivas, como futebol, boxe e beisebol. Havia campeonatos regionais e o torneio brasileiro de beisebol com times que reuniam japoneses e seus descendentes. Uma lei de 1963 proibiu as transmissões em língua estrangeira sem tradução, o que obrigou as emissoras a entrarem em campo com brasileiros. Boris foi um deles. Viajou por diversas cidades, basicamente no interior de São Paulo e do Paraná. Na capital paulista, havia o estádio da Vila Sônia, onde costumava jogar o time da Cooperativa Agrícola de Cotia, o Coopercotia.

O beisebol era tão popular na comunidade nipônica que aos fins de semana chegava a ter jogos de manhã, à tarde e também na hora do almoço. O ponto alto eram os intercâmbios com times profissionais do Japão. Boris narrou a seleção brasileira enfrentando a equipe da Universidade de Waseda, de Tóquio.

– Foi uma lavada, o time de Waseda era muito superior – lembra o veterano jornalista. – Valeu pela experiência.

Mario Okuhara
nos estúdios da NHK,
em Tóquio.

A Rádio Santo Amaro também esteve presente em momentos de extrema importância aos súditos do império. Boris fez a cobertura das comemorações dos 50 anos da imigração japonesa ao Brasil. A emissora dos irmãos Okuhara deu destaque à visita do príncipe Tadahiko Mikasa e da princesa Yuriko. O nobre Mikasa era o irmão caçula do imperador Hirohito. Naquele 19 de junho de 1958, a primeira página do jornal *Folha de S.Paulo* trouxe uma foto com os príncipes tomando o tradicional cafezinho, encostados em um balcão de bar.

Outra cobertura que ganhou as manchetes foi a visita do lutador coreano-japonês Rikidozan, cujo nome verdadeiro era Momota Mitsuhiro, uma lenda por derrotar adversários norte-americanos em um momento em que o ressentido Japão precisava de heróis. Rikidozan começou no sumô e depois foi para o *wrestling*, a luta livre envolvendo vários estilos. O astro enfrentou lutadores patrocinados pela temida Yakuza, a máfia japonesa, e acabou sendo assassinado por um deles numa casa noturna em Tóquio, em 1963. Condenado à prisão, o assassino, Katsuji Murata, pediu perdão à família do campeão.

No intervalo de cada programa, entravam as "mensagens dos patrocinadores", lidas ao vivo. Boris Casoy narrava as propagandas e também apresentava outras atrações da emissora, inclusive comandadas por Rosa Miyake.

– Ela era a grande estrela da comunidade japonesa, era venerada. Aliás, ela ultrapassou a barreira da comunidade e se tornou um nome nacional com o *Imagens do Japão*. Bonita, simpática e inteligente – lembra o jornalista.

Boris manteve uma estreita amizade com os irmãos Mario e Kohei Okuhara, mesmo depois de deixar a Rádio Santo Amaro, onde permaneceu por oito anos, voltando sempre à emissora para trabalhos de narração.

Kohei era o irmão mais velho. Quando ele e a família, incluindo o pequeno Mario, vieram do Japão em 1937, foram para a região de Cafelândia, para trabalhar na colheita do produto que deu nome à cidade do interior paulista. A exemplo de muitos imigrantes que não tinham habilidade no trato da terra, logo perdeu o interesse por aquele tipo de atividade e buscou outros caminhos. Um lugar onde havia muita rotatividade no emprego era a zona cerealista na região central, uma concentração de encaixotadores, carregadores, motoristas, contadores, cobradores e tantos outros trabalhadores que viviam um frenético entra e sai de mercadorias vindas de todos os cantos do país. Sacas e mais sacas de alimentos, sendo que a grande estrela era mesmo o café. Kohei ficou por lá algum tempo, até conseguir juntar recurso suficiente para montar uma banca de venda de banana no mercado municipal da Cantareira. A banca também não rendia o esperado e ele foi pedir ajuda no jornal da comunidade japonesa *São Paulo Shimbun*, que tinha uma tiragem de 30 mil exemplares na época. Passou a vender espaço para anunciantes e ganhou gosto pela publicidade. O negócio cresceu e Kohei começou a trabalhar também com patrocínio em emissoras de rádio. Foi quando conheceu Paulo Machado de Carvalho, um dos pioneiros da comunicação no Brasil, com quem negociou a compra de horários na Rádio Panamericana, hoje Jovem Pan, para produzir um programa voltado à comunidade japonesa. Com o estúdio montado na rua Tabatinguera, Kohei entrou para o mundo do rádio em 1952. Cinco anos depois, já em sociedade com o irmão Mario, montou a própria emissora, a Rádio Santo Amaro.

Foi como integrante do elenco da Rádio Santo Amaro que, em 1967, Rosa gravou seu primeiro single, disco compacto com duas músicas, pela Chantecler. A capa trazia o título: "A Rosa japonesa que canta". No lado A, foi gravada "Hitori botti ga sabishino" ("Sozinho, sinto-me solitário"), de Akio Sakamoto e Shoti Shimada, toda cantada em japonês; no lado B, "Bye, bye, querido (Sayonara)", dos mesmos autores, misturava o português e o japonês.

Rosa se apresenta no auditório
da Rádio Santo Amaro, no Cine Joia.

No ano seguinte, foram lançados dois compactos pela Chantecler. O primeiro com as músicas "Boa noite meu bem", de Yoshida Tadashi, com tradução de Mario Okuhara e Hidenori Sakao, e "Uma noite de verão", de Miykawa Yasushi. O segundo com "Uma dúzia de rosas", de Carlos Imperial, e "Eu te amo mesmo assim", da cantora Martinha.

Capa e
contracapa
do primeiro
compacto
pela
Chantecler,
gravado
em 1967.

URASHIMA TARO, O POBRE PESCADOR

Uma nova etapa na vida de Rosa aconteceu quando a Viação Aérea Rio-Grandense (Varig) inaugurou um voo entre São Paulo e Haneda, no Japão. A Varig patrocinava o programa *Imagens do Japão* e faria uma campanha publicitária para divulgar a iniciativa de uma viagem sem escalas ao país de milhares de imigrantes que viviam por aqui. A campanha ficou a cargo da agência Expressão, de Carlos Ivan Siqueira, o principal responsável pela imagem de prestígio que a companhia aérea tinha no Brasil e no exterior. Apesar de atender a outros clientes importantes, como a Tramontina, a Expressão trabalhou como uma *house agency* da Varig, cuidando inclusive da revista de bordo *Ícaro*, uma publicação de dar inveja a qualquer revista semanal de renome.

Ivan Siqueira era um hábil criador de *slogans*. Um deles, "Varig, acima de tudo, você", foi o que anunciou a nova rota Brasil-Japão. O publicitário não teve dúvidas de quem seria a garota-propaganda da campanha e convidou Rosa Miyake para se tornar o "rosto" da companhia aérea. Era preciso unir a popularidade da artista junto à comunidade nipônica com uma campanha que colocasse a felicidade em primeiro plano. Era a oportunidade de voltar a passeio ou definitivamente à terra tão querida, rever amigos, familiares, lugares da infância e juventude.

O maestro Hidenori Sakao, músico e compositor, ao piano, com Rosa, em ensaio do programa *Imagens do Japão*.

Os que vieram para cá de navio, em viagens que chegavam a demorar 40, 50 dias, até meados da década de 1950, poderiam regressar em 30 horas num voo direto.

Ivan Siqueira chamou o autor e compositor Archimedes Messina (1932-2017) para cuidar do *jingle* que seria o carro-chefe da campanha. O paulistano Messina foi o criador do bordão "Silvio Santos vem aí", que durante décadas fez a abertura do programa Silvio Santos nas emissoras de rádio e depois na televisão. Como se tratava de uma campanha bilíngue, com exibição em japonês em eventos fora da TV, Messina fez parceria com o escritor, compositor, pianista e professor japonês Hidenori Sakao, um apaixonado pela bossa-nova e pelo samba, considerado o maior divulgador da música brasileira no Japão. Aqui, onde desembarcou no final da década de 1950, Hidenori se encantou com o gingado do brasileiro, algo que ele considerava autêntico. Amigo do maestro Tom Jobim, Carlos Lyra e Johnny Alf, Sakao levou a divina Elizeth Cardoso para se apresentar em Tóquio em duas oportunidades.

– Tom Jobim era meu amigo de birita (bebida) – diz o sorridente Sakao, hoje distante dos destilados.

O trio Ivan Siqueira, Archimedes Messina e Hidenori Sakao precisava de um tema que fosse de fácil entendimento para japoneses e brasileiros e, como em toda propaganda, bastaria uma palavra, um fato, uma boa imagem, para que a mensagem grudasse na cabeça dos futuros viajantes e consumidores. Foi quando surgiu a ideia de explorar a lenda de Urashima Taro, talvez a primeira história que as crianças japonesas ouvem na vida e um exemplo que levam por toda a existência como símbolo de tolerância junto aos diferentes e respeito ao meio ambiente, um direcionamento ao xintoísmo, prática religiosa que envolve elementos da natureza.

Os primeiros registros da lenda de Urashima Taro são do período Nara, no século VIII. Conta-se que um pescador viu um grupo de meninos maltratando uma pequena tartaruga em uma praia e decidiu salvá-la, devolvendo-a ao mar. No dia seguinte, enquanto pescava, uma enorme tartaruga se aproximou e disse que a pequena tartaruga salva por ele era, na verdade, a filha do rei do mar, que gostaria de fazer um agradecimento pessoalmente. Nesse momento, surgiram brânquias em Urashima Taro para que ele pudesse respirar sob as águas. O pescador foi levado a um reino submerso e lá encontrou a tartaruguinha, então transformada em uma linda princesa.

Taro passou a viver nesse reino, onde era tratado como herói e desfrutava das benesses oferecidas pelo rei Dragão, o senhor dos mares. Porém, o tempo foi passando e o pescador passou a sentir saudades da família e dos amigos no vilarejo onde nasceu. Ele pediu à princesa que o mandasse de volta e ela, na despedida, entregou-lhe uma pequena arca e disse para que fosse aberta somente quando ele estivesse bem velho.

De volta ao vilarejo, Taro não conseguiu localizar a casa onde morou, tudo estava diferente, ninguém mais o conhecia. Ele descobriu que havia se passado 300 anos desde que fora levado ao reino no fundo do mar. Desconsolado, sentou-se em uma pedra à beira-mar e abriu a arca. De dentro da caixa, saiu uma névoa branca que o encobriu. Taro envelheceu no mesmo instante, sua pele ficou enrugada, suas costas curvaram e uma longa barba branca surgiu em seu rosto. A voz da princesa pôde ser ouvida, explicando que na arca estava guardada toda a vida do pescador, e se ele não a tivesse aberto teria preservado a juventude.

Com o tema definido, a agência Expressão passou a trabalhar em outro projeto ousado: usar o desenho animado na propaganda. E foi assim que surgiu o japonesinho simpático, trajando quimono e com o cabelo preso à moda samurai. A letra escrita por Messina se tornou um grande sucesso:

"Urashima Taro, um pobre pescador,
Salvou uma tartaruga e ela como um prêmio ao Brasil o levou...
Pelo reino encantado, ele se apaixonou e por aqui ficou.
Passaram muitos anos, de repente a saudade chegou.
Uma arca misteriosa de presente ele ganhou.
Ao abri-la quanta alegria, vibrou seu coração
Encontrou uma passagem da Varig e voou feliz para o Japão."

Lançado em compacto simples, pela então recém-criada gravadora Astrophone, de Mario Okuhara, a música trazia a versão em português e em japonês e, como previsto, passou a ser cantarolada pelas ruas, caiu no gosto popular. No jargão da propaganda: "pegou". Para se ter uma ideia do sucesso, virou marchinha de carnaval.

O segundo *jingle* comercial gravado por Rosa Miyake exaltava a loja de departamentos Yaohan, uma poderosa empresa de vendas de produtos variados no Japão, que inaugurou sua primeira loja na rua Cunha Gago, no bairro de Pinheiros, em São Paulo. Com quatro mil metros quadros de área, foi a precursora do shopping center e precisava se popularizar em um país acostumado ao comércio de rua. A música "Yohan traz alegria", de Hidenori Sakao, dizia o seguinte: "Yaohan é a melhor loja, Yaohan é de uma cortesia, cante conosco e conte conosco, Yohan traz alegria pra você...". A gravadora Astrophone se encarregou de distribuir o compacto simples, que no lado B trazia a tradicional cantiga "Parabéns a você". A Yaohan passou nove anos no Brasil, tendo decretado falência em 1979 em razão de fracassos de novos investimentos, como a abertura de lojas simultâneas que não tiveram o resultado de vendas esperado. Marie Murakami foi vendedora na Yaohan e cansou de ver os colegas ganhando viagens para o Japão como prêmio pelos resultados. Nos tempos áureos, a loja patrocinava o concurso Miss Brasil e a cada aniversário promovia uma grande festa com artistas famosos. Ao deixar a área comercial da loja, Marie Murakami tornou-se presidente da Seicho-no-ie do Brasil, entidade iniciada como associação cultural até ser reconhecida como seita religiosa.

Quando Hidenori Sakao desembarcou por aqui em janeiro de 1956, o Brasil havia acabado de passar um período de conturbação política. Houve a tentativa de derrubar o governo eleito democraticamente, mas o golpe não foi adiante graças à ação de um general. Getúlio Vargas havia se suicidado e fora substituído pelo vice, Café Filho. As eleições de 3 de outubro de 1955 deram a vitória ao mineiro Juscelino Kubitschek (Partido Social Democrático) e, em votação separada, como ocorria antigamente, João Goulart (Partido Trabalhista Brasileiro), o Jango, foi escolhido vice-presidente. Jango, aliás, teve mais votos que Juscelino. A União Democrática Nacional, herdeira do getulismo, fez de tudo para evitar a posse dos eleitos, porém, a ação do general Henrique Batista Duffles Teixeira Lott, um legalista, impediu que os descontentes mudassem o rumo da história.

Juscelino era um político sagaz e, tão logo assumiu o poder, buscou um governo de conciliação, inclusive com afagos às Forças Armadas, ainda agitadas com a possibilidade de assumir o poder. Acenou com a modernização da indústria bélica e comprou um porta-aviões da Marinha britânica, batizado de Minas Gerais em homenagem ao próprio Juscelino, que desenvolveu um plano de metas chamado "50 anos em 5". Haveria um crescimento rápido nas projeções do presidente, capaz de inserir o Brasil entre as maiores economias do mundo. Pelo menos, no papel. O certo é que o Plano de Metas acelerou o processo de industrialização com vistas à produção de bens duráveis. As residências passaram a abrigar os eletrodomésticos. Saía o tanque do quintal e entrava em cena a lava-roupas, o refrigerador com congelador para carnes, a enceradeira, o aspirador de pó, a cafeteira elétrica. Tudo fabricado no país. Para deleite das famílias, chegavam aos lares a TV com controle remoto, o radinho de pilha e os móveis de fórmica para a cozinha.

O melhor ainda estava por vir: a indústria automotiva, que transformaria o ABC paulista com a abertura de fábricas e empregos. Dali sairia, em 1958, o DKW-Vemag, um veículo barulhento e poluidor, com metade das peças produzidas no Brasil; e o primeiro carro com tração nas quatro rodas, a Rural Willys. Num país continental com apenas quatro mil quilômetros de rodovias, foram incorporadas outras seis mil. Espaço suficiente para o setor automotivo continuar a expansão.

O movimento cultural também se mostrava transformador. Naquele mesmo ano de 1958, o Teatro de Arena, em São Paulo, que não passava de uma sala improvisada, apresentou pela primeira vez *Eles não usam black-tie*, de Gianfrancesco Guarnieri, uma obra que fala, justamente, do cotidiano exaustivo nas fábricas. Surgiram as companhias de cinema: Vera Cruz, em São Paulo; e Atlântida, no Rio de Janeiro; e filmes que entraram para a história da telona, como *O cangaceiro*, de Lima Barreto. Consagração de atores, cineastas; e o surgimento do Cinema Novo, movimento liderado por Glauber Rocha, que encantou o público internacional com *Terra em transe* e *Deus e o diabo na terra do sol*.

Era uma revolução cultural que desaguou na música. O samba que atraíra Hidenori ganhava acordes de sofisticação. O ritmo passou a se chamar bossa-nova e, no começo, foi confundido com o jazz e ganhou a avaliação pejorativa de americanização do samba. Ao se consolidar, mostrou ser totalmente novo, como o nome dizia. Harmonia, muitas vezes dissonante, e batidas melodiosas, algo para se ouvir ao pé do ouvido.

"Vou te contar, os olhos já não podem ver, coisas que só o coração pode entender. Fundamental é mesmo o amor, é impossível ser feliz sozinho...", cantava Tom Jobim, o amigo de birita do imigrante japonês. *"Dia de luz, festa de sol e o barquinho a deslizar no macio azul do mar. Tudo é verão, o amor se faz num barquinho pelo mar, que desliza sem parar...",* declamava João Gilberto, com sua voz aveludada.

Até Frank Sinatra se rendeu ao ritmo brasileiro e gravou com Tom Jobim, em 1967, um disco memorável: *Francis Albert Sinatra e Antonio Carlos Jobim.*

Ninguém conseguia ficar alheio diante de uma música tão cheia de qualidade. Com Rosa Miyake não foi diferente. Ela gravou "Sabiá", composta por Chico Buarque e Tom Jobim. A música foi apresentada pela dupla Cynara e Cybele, em 1968, no Festival Internacional da Canção e venceu a competição.

> "Vou voltar
> Sei que ainda vou voltar
> Para o meu lugar
> Foi lá e é ainda lá
> Que eu hei de ouvir cantar
> Uma sabiá
>
> Vou voltar
> Sei que ainda vou voltar
> Vou deitar à sombra
> De uma palmeira
> Que já não há
> Colher a flor
> Que já não dá
> E algum amor
> Talvez possa espantar
> As noites que eu não queira
> E anunciar o dia [...]"

JOVEM GUARDA

Os acontecimentos continuavam como uma bola de neve na carreira de Rosa Miyake. Surpresa maior aconteceu quando o próprio Roberto Carlos a convidou para se apresentar na atração *Jovem Guarda*, o programa musical líder absoluto de audiência, capaz de rivalizar com as novelas, tido como o principal entretenimento da família brasileira. Chamada de Rosinha pelo rei, a cantora se tornou a caçula de um grupo que tinha a participação de Erasmo Carlos, Wanderléa, Martinha, Eduardo Araújo, Wanderley Cardoso, Jerry Adriani e de outros nomes consagrados do pop nacional. O programa enfrentava a turbulência da ponte aérea. Uma semana era apresentado na TV Record, de São Paulo, e na outra, na TV Rio, do Rio de Janeiro. A nipo-brasileira com sua beleza e graça era uma atração a mais e recebia os cuidados dos artistas "veteranos". Rosa ficou pouco tempo no programa *Jovem Guarda*, mas o suficiente para deixar sua marca como fiel intérprete das músicas de Roberto Carlos, além de composições feitas especialmente para ela.

A revista *Contigo* de outubro de 1968, mês no qual o último *Jovem Guarda* foi ao ar, trouxe uma reportagem com Rosa Miyake que se tornara também ícone de moda, em razão dos arranjos exóticos que costumava levar ao palco do programa. O título era "Uma moda show (ou um show de moda) para Rosa cantar (e você usar)". Com fotos de José Antônio, Rosa aparecia com um vestido estampado, uma túnica e um quimono semelhante aos de lutadores de judô. Em cada foto, os detalhes: "um vestido largo de voile de algodão estampado. O corte, no vestido e nas mangas, é enviesado, para cair em ondas como a moda manda. A túnica larga, quase batendo no chão, perfeita para o tipo de Rosa. Lanvin, casa famosa de Paris, acaba de lançar a moda do quimono. Vestimos Rosa com um quimono de verdade, desses usados para a prática do judô".

A revista *Romântica* de março de 1969, com fotos de Masaomi Mochizuki, trouxe a reportagem "A Rosa nissei". O texto contava: "há pouco mais de 3 anos, nasceu nos meios artísticos paulistas uma rosa rara. Com muito charme e esplêndida beleza, Rosa vem conquistando o público através de seu esforço e entusiasmo pela arte de cantar". No final da reportagem, a tradicional fofoca: "a cantora é solteira e aprecia muito o povo carioca. Dotada de belos olhos amendoados, completados por longos cabelos negros e 1,65 de altura, adora feijoada completa e espetacular vatapá à baiana".

Um dos porta-vozes da comunidade japonesa, o *Jornal Paulista*, dirigido na época por Luiz Yassumi Tanigaki, estampou em primeira página no dia 21 de setembro de 1968 a manchete: "Rosa Miyake conta o longo caminho da glória". Na reportagem, ela fala da importância do produtor e diretor Mario Okuhara nos primeiros passos na carreira e da participação nos programas de calouros da Rádio Santo Amaro: "Revelou-se a essa altura com uma voz maviosa e ainda por cima para dosar conveniente e artisticamente as duas línguas, japonesa e portuguesa".

O jornal *Diário da Noite*, de 6 de março de 1969, tinha no primeiro caderno a manchete: "Rosa leva ao Japão a música do Brasil". Dizia:

Ícone para além da comunidade japonesa:
com projeção na televisão,
ao lado de grandes ídolos nacionais,
Rosa se tornou também
uma referência de moda.

Arquivo pessoal de Rosa Miyake

Arquivo pessoal de Rosa Miyake

Não é essa a primeira vez que a cantora nipo-brasileira faz sucesso no Japão. Filha de japoneses, mas nascida aqui, sua vida tem sido uma constante, entre as principais cidades do Japão e de São Paulo, onde reside e também iniciou a sua carreira. Há pouco tempo, Rosa brindou seus admiradores com um compacto simples, onde apresentou duas músicas que mais se destacaram no Terceiro Festival Internacional da Canção, no Maracanãzinho: "Pra não dizer que não falei das flores" e "Sayonara". A segunda foi popularizada no Japão, graças à interpretação de Rosa Miyake.

Na entrevista, ela dizia: "tive convite para permanecer no Japão, mas não aceitei. Não acredito que um dia pudesse viver fora do Brasil".

ATRIZ DE NOVELA

A popularidade de Rosa Miyake só aumentava e ela chamava a atenção de toda a mídia voltada ao entretenimento. Não tardou o convite para a primeira novela na maior e mais importante emissora da época, a TV Tupi, gigante de comunicação do legado de Assis Chateaubriand com emissoras de rádio, jornais e sucursais de TV de norte a sul do país. Era o lugar onde todo artista queria estar.

Rosa recebeu o convite para interpretar o personagem principal de *Yoshico, um poema de amor*, novela escrita por Lúcia Lambertini (1926-1976). Os estúdios da TV Tupi no bairro do Sumaré, na zona Oeste da cidade de São Paulo, ganharam cenários para situar o Japão na trama romântica, como dizia o título. Foi também a primeira novela do ator Ednei Giovenazzi, que era maquiado para ganhar olhos orientais, além de próteses com dentes para frente, estereótipo que fazia enxergar os nipônicos como o tipo engraçado, caricato, o que certamente não tem mais lugar na atualidade.

A direção era de Antônio Abujamra (1932-2015), o premiado ator, dramaturgo e renovador da arte cênica. Rosa contracenaria com o ator Luis Gustavo, que no ano seguinte interpretaria *Beto Rockfeller*, uma das novelas de maior sucesso na história da televisão no Brasil.

Rosa e o
ator Luis Gustavo,
com quem integrou
o elenco da novela
*Yoshico, um poema
de amor.*

– Luis Gustavo, o Tatá, na época de *Yoshico*, já era um ator famoso, admirado pelo público por seu talento. Sempre me tratou com carinho e respeito. Eu era uma estreante e tive uma grande ajuda dele – disse Rosa sobre a experiência.

Yoshico, um poema de amor estreou em 9 de janeiro de 1967 e teve 60 capítulos. O enredo falava de um jovem rico (Luis Paulo) que viajava para o Japão a negócios e conhecia a bela Yoshico, por quem se apaixona. Ele queria

41

se casar com ela e levá-la ao Brasil para que os pais a conhecessem, porém enfrentou a rejeição dos familiares. Da mesma forma, a jovem apaixonada também contrariava o pai, que não via com bons olhos o relacionamento com ocidentais. A questão levantada pela novela era algo que fazia parte do sentimento entre as famílias de imigrantes em geral que, mesmo distantes da terra natal, procuravam uniões entre patrícios. Entre os japoneses, esse conceito era ainda mais arraigado. Questões culturais e o biótipo acentuavam as barreiras da miscigenação.

Foi durante a exibição de um dos capítulos que a mãe de Rosa, dona Tie, revelou que não gostaria de ver a filha se casando com uma pessoa de aspecto ocidental. A revelação gerou surpresa. A mãe explicou que não se tratava de preconceito, porém lembrou que Rosa havia sido criada como japonesa, aprendeu a falar o idioma dos antepassados bem antes de aprender o português, e que tinha modos e costumes de uma cultura oposta à dos brasileiros. Rosa acredita que a novela deve tê-la influenciado em demasia, embora houvesse casos em pleno bairro da Liberdade que ganhavam ares de escândalo quando uma oriental se unia a um brasileiro, geralmente deixando para trás a família que não aprovava tal matrimônio. Dona Tie não queria que os filhos sofressem, mas admitia que, cedo ou tarde, sua prole cresceria com a mistura de raças.

Esse cenário miscigenado começou a se formar bem antes, no campo, longe de olhos opressores da sociedade brasileira. Nas cidades, a situação era bem diferente, sendo muito mais difícil encontrar a mistura de casais, sobretudo nas ruas, onde *burajirujin* (brasileiro) não andava ao lado de *gaijin* (estrangeiro). Os casos de amor com tais perfis tinham sempre contornos dramáticos. Nos idos dos anos 1970, no período em que a novela de Rosa Miyake trouxe à tona a temática, um casal se formava na Escola Politécnica da Universidade de São Paulo (USP). Ela, nissei. Ele, brasileiro. Foi um namoro escondido durante quatro anos, enquanto acontecia o curso de Engenharia Química, profissão que ambos desenvolveriam ao longo da vida. Um casal feliz, sempre de mãos dadas nos intervalos e nas caminhadas pelo *campus*.

Terminado o curso, a jovem precisava tomar uma decisão: contar aos pais e aos irmãos a intenção de se casar com um brasileiro sem qualquer ascendência oriental. Foi um ato de coragem, o que provocou a imediata ruptura dos laços familiares. Houve várias tentativas por parte da jovem nissei de buscar a reconciliação junto aos parentes, mas as tentativas se mostraram infrutíferas. Os dois engenheiros se casaram e seguiram em frente:

– Sei que fiz meus pais sofrerem, mas precisava buscar a minha felicidade e a do homem que me amava.

Recentemente, o marido da senhora nissei, que contou sua história, mas não quis se identificar, faleceu. O casal não teve filhos. Os pais já haviam morrido e hoje ela reflete sobre a vida que levou:

– Pensei muitas vezes na hipótese de não ter me casado e aceitado alguém que meu pai tivesse escolhido, como era ainda costume da época. Nesse caso, o pai sentiria que seu dever com relação a esse assunto estava cumprido. Sinto que meu pai tinha assumido como dever, entre muitos outros, também o de encaminhar todos os filhos para o casamento. Assim, para ele foi muito difícil aceitar as pessoas escolhidas pelos seus filhos para se casarem, mesmo quando essas pessoas tivessem sido nisseis. No meu caso foi pior. Meu marido nem era nissei.

O paranaense Oscar Nakasato, professor universitário e autor de *Nihonjin*, conta no livro a história de uma mulher que enfrentou o dilema de manter a tradição familiar ou se casar com um brasileiro por quem era ardentemente apaixonada. Moradora do bairro da Liberdade, ela teve a chance de largar tudo e ir embora com o namorado, mas foi dissuadida pela família quando já havia arrumado as malas e estava prestes a entrar no carro onde ele a aguardava. A jovem nissei não resistiu aos prantos dos familiares e ao sentimento de culpa que a atormentava. Rompeu o relacionamento e permaneceu com os parentes. Mais tarde se casou com um japonês, um homem bom, com quem constituiu um lar. O tempo passou e ela reencontrou o amor de juventude e, por incrível que possa parecer, ele nunca havia se casado, pois ainda alimentava a esperança de tê-la ao lado. Com os filhos crescidos, a mulher nissei não desperdiçou a segunda chance e foi viver com o antigo namorado. Depois disso, a família a execrou. Houve apenas um único contato, um pouco antes do falecimento da protagonista do livro.

A própria família imperial japonesa, até hoje, não permite miscigenações e ainda avalia a origem dos pretendentes. O mais recente anúncio de um casamento na Casa Yamato, nome da dinastia, foi feito pela princesa Mako, neta mais velha do imperador Akihito, que decidiu se casar com um plebeu, o advogado Kei Komuro, o que vai excluí-la da hierarquia, em consequência de uma polêmica lei que "pune" as mulheres, mas não é aplicada aos homens. Em 2018, a jovem Mako completou 26 anos. Ela declarou "ter consciência desde a infância que teria que abandonar o *status* real com o casamento".

E prometeu fazer o melhor para ajudar o imperador, além de cumprir os deveres como membro da família imperial, porém cuidando da própria vida.

O imperador Akihito e seus dois filhos homens casaram-se com plebeias, que agora integram a família imperial. Akihito sucedeu, em 1989, seu falecido pai, Hirohito. Ele expressou o desejo de abdicar do poder devido à idade avançada e uma lei foi preparada para que ele possa fazer isso e ser substituído por Naruhito, o príncipe herdeiro.

Rosa recorda do final da novela *Yoshico, um poema de amor*:

– Foi um final feliz, inclusive com beijo na boca. Aquela cena ficou marcada na memória de quem acompanhou os capítulos. A ideia era deixar sempre a possibilidade do beijo no ar, para acentuar o recato da tradição japonesa em contraste à impetuosidade do brasileiro. Foi o primeiro e único beijo de Yoshico na novela.

Infelizmente, as instalações da TV Tupi no bairro do Sumaré sofreram dois incêndios, em 1972 e 1978, e no primeiro perdeu-se grande parte do acervo gravado em película. No meio do material destruído estava a novela *Yoshico*. Não sobrou nada.

Com o passar do tempo, a miscigenação venceu a resistência familiar, embora ainda hoje haja muitos casamentos que não ultrapassam os limites da comunidade nipo-brasileira. Uma reportagem de Thaís Oyama publicada na *Folha de S.Paulo* em abril de 1995 detectou a tendência:

> O Japão se dilui no Brasil. Com o crescimento do número de casamentos entre japoneses e brasileiros, os nikkeis (descendentes "puros", filhos de pai e mãe japoneses ou também descendentes) parecem estar fadados à extinção. Pesquisa do Centro de Estudos Nipo-Brasileiros, realizada em 1988, prevista para ser publicada

este ano e divulgada com exclusividade pela *Folha*, aponta que a maioria dos representantes da quarta geração de japoneses no Brasil (os ionseis) é mestiça, filha de nikkeis com brasileiros, e não mais de nikkeis com nikkeis. É a primeira vez que o fenômeno ocorre. Até a terceira geração (sansei), o índice de miscigenação entre os descendentes era de 42%, ou seja, os mestiços ainda existiam em menor número do que os descendentes puros. Agora, entre os ionseis, a situação se inverte: o índice atinge 61%. O motivo é o aumento do número de casamentos mistos no país. Em São Paulo, até 1960, só 11% dos casamentos na comunidade japonesa envolviam um brasileiro.

[...]

Para a professora Yoshia Nakagawara, da Universidade de Londrina, um dos motivos para o crescimento é a urbanização dos nikkeis – hoje 1,2 milhão no país. Segundo ela, 90% dos integrantes da comunidade nipônica no Brasil residem em cidades. "A urbanização facilita o inter-relacionamento racial." A psicóloga Fumiko Nakano, da Sociedade Brasileira de Psicanálise de SP, acha que o aumento do número de casamentos mistos pode significar um "amadurecimento" dos descendentes em sua relação com a própria etnia. "Quando as pessoas se assumem e se sentem bem com suas características e peculiaridades, se permitem com mais facilidade relacionar-se com o diferente, sem temer perder a identidade", diz. O aumento do número de casamentos mistos pode provocar, entre membros da comunidade japonesa, um misto de perda e abandono da identidade cultural. Paradoxalmente, é fato que o mesmo fenômeno contribuiu para a disseminação da cultura japonesa no Brasil. O Japão se dilui no Brasil. E os japoneses se sentem cada dia mais em casa.

SUCESSO NA TERRA DO SOL NASCENTE

A imagem de Rosa Miyake sempre representou a união das culturas brasileira e japonesa. Revelar a proximidade entre os dois países fez com que a Varig a convidasse para fazer um documentário sobre os pontos turísticos e históricos do Japão para ser exibido durante os voos (o voo inaugural da Varig entre o Rio de Janeiro e Haneda aconteceu em 26 de junho de 1968). Uma equipe de dez profissionais, todos brasileiros, contratada pela agência Expressão, ficou com a tarefa de roteirizar, dirigir e gravar a artista nipo-brasileira.

Começaram as gravações em Tóquio, onde deram destaque ao Palácio Imperial, residência oficial do imperador. O prédio no distrito de Chiyoda foi a residência do clã Togukawa, xogunato que governou o país por 265 anos, de 1603 a 1868. O palácio foi bombardeado durante a Segunda Guerra Mundial e os locais danificados foram reconstruídos. Seus jardins são abertos à visitação.

Um micro-ônibus transportava a equipe e os equipamentos e também servia de camarim para Rosa, que trocava de roupa a cada tomada em ponto turístico. Ela também precisou usar quimono em várias ocasiões, o que obrigou a equipe a improvisar. Paravam em lojas e lá ia Rosa experimentar o traje milenar. Os primeiros registros do uso do quimono são do século VIII. A roupa serve tanto os homens quanto as mulheres, porém com algumas diferenças. O dos homens tem as mangas curtas, enquanto as mulheres utilizam quimonos com mangas largas e alongadas. O cumprimento também é maior para as mulheres em tecidos cheios de estampas e cores. O quimono de 12 camadas, o completo, revela um conjunto de vestimentas sobrepostas. O obi, lenço que circunda a cintura, confere elegância ao traje. Os cabelos são presos em um coque alto, deixando o pescoço à mostra.

Normalmente, vestir um quimono completo de 12 camadas é uma prática demorada mesmo para quem está acostumado(a) com o traje. Rosa precisava escolher o modelo e depois experimentar, o que deixava as atendentes das lojas exaustas do vai e vem para buscar outro número, outra estampa, além de ajudar a vesti-la. Ela deixava a loja muito mais bela de quando entrou. Era um espetáculo à parte.

Olhando-se no espelho, refletia sobre a possibilidade de viver entre dois mundos radicalmente diferentes em costumes e formação; e o fato de poder fazer a viagem de volta. Havia conforto naquele momento, justamente o que faltou aos seus pais e a tantos outros na travessia dos oceanos. Para os brasileiros, tudo era novidade, mas houve um problema: eles não conseguiam se adaptar à comida à base de peixe cru e procuravam sempre pelos sanduíches. Por sorte, a rede McDonald's já possuía lojas em Tóquio, o que foi considerado a salvação para os jovens publicitários, propensos a engordar depois de tanto *fast-food*.

A gravação conseguiu explorar bem as atrações de Tóquio. Os cenários de alguns bairros foram captados pelas lentes das potentes câmeras Yashica, as mais cobiçadas do mercado na época. Estiveram em Ginza e andaram por suas calçadas largas e arborizadas. No passado, foi o lar das gueixas, as cortesãs treinadas para servir aos senhores feudais e à aristocracia. No bairro Roppongi, Rosa mostrou as sedes das embaixadas, os prédios altos para os padrões de Tóquio e a vida noturna. Em Shibuya, ela contou a história do cão Hachiko, um enredo que até hoje arranca lágrimas de quem ouve. Hachiko era o cão da raça Akita que todos os dias acompanhava o dono até a estação de trem de Shibuya. O cão lá permanecia até o fim da jornada do professor do Departamento de Agricultura de Tóquio,

Hidesaburo Ueno. Quando o professor descia do trem na volta, os dois bons companheiros voltavam para a casa.

A rotina durou pouco mais de um ano. Cão e dono lado a lado até a entrada da estação. Hachiko se acomodava, recebia um afago e via o professor se afastar com a certeza de que em algumas horas ele estaria de volta. Mas um dia o sr. Ueno não voltou. Havia sofrido um AVC enquanto dava aula e morreu na frente dos alunos. Parentes do professor, que era solteiro, tentaram levar o cão para casa, mas Hachiko sempre fugia e voltava à estação. Alunos da Universidade de Tóquio passaram a tratar do animal, levavam alimentos, mas nunca conseguiram tirá-lo de seu canto junto à saída dos trens. O cão não perdia a esperança de reencontrar seu melhor amigo. Essa rotina durou nada menos que 9 anos e 10 meses, quando Hachiko, doente, faleceu em 1935. O caso foi parar nos principais jornais da época, dentro e fora do Japão. E recentemente virou filme, com o título *Sempre ao seu lado*, tendo no papel do professor Ueno o ator Richard Gere. Na estação de Shibuya há uma estátua em homenagem a Hachiko, erguida no mesmo local onde ele costumava ficar.

Rosa e a equipe também foram a Kamakura, capital do Japão no período de 1185 a 1333, conhecida por templos, santuários de vida marinha e museus, como o de Literatura e o de Arte. Mas Kyoto, a última capital antes de Tóquio, se tornou o ponto alto da viagem em razão da quantidade de construções antigas preservadas. Durante a Segunda Guerra, houve ordens expressas aos bombardeiros aliados para pouparem a chamada "Cidade dos Mil Templos". Esse precedente permitiu que Kyoto mantivesse sua alma e singeleza, levando o visitante a uma verdadeira viagem no tempo. Um dos destaques foi o templo Kinkaku-ji, o Pavilhão Dourado, construído em 1397, pelo xogum Yoshimitsu Ashikaga. O telhado é todo coberto com folhas de ouro.

Um dos momentos mais celebrados foi a viagem no Shinkansen, o trem-bala, que o mundo inteiro ouvia falar, mas tinha poucas informações e poucas imagens sobre como ele era de verdade. Rosa se acomodou em uma de suas amplas poltronas e falou daquele sistema operacional de trem de alta velocidade, inaugurado em 1964, como parte das celebrações das Olimpíadas de Tóquio. Ou seja, apenas 19 anos depois de o país ser destruído por duas bombas atômicas e por dezenas de ataques com bombas incendiárias, o Japão dava um exemplo ao mundo de recuperação, se tornando sede dos jogos e inaugurando equipamentos de alta tecnologia.

O Shinkansen, no início, fazia o trajeto Tóquio-Osaka em quatro horas, com o comboio a 220 quilômetros por hora. Hoje, a distância ficou mais curta com o trem passando de 350 quilômetros por hora. A viagem apresenta uma das vistas mais cultuadas em todo o mundo, o Monte Fuji, o vulcão adormecido e seu topo nevado.

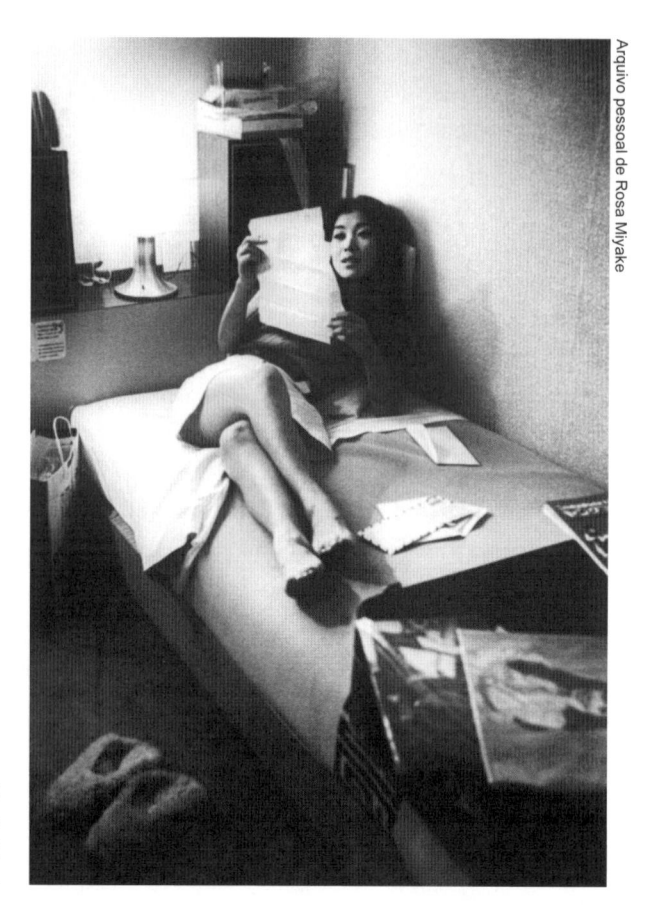

Rosa lendo cartas
de fãs em momento
de descanso num
quarto de hotel em Tóquio.

Numa dessas gravações, ainda vestindo um blazer colorido e calças do tipo pantalona, Rosa foi descansar em um banco de praça. Foi quando teve contato com um equipamento portátil de karaokê, uma novidade no Japão, e que ainda não havia chegado ao Brasil. Os japoneses adoram se reunir e cantar. Um senhor já de cabelos brancos se apresentava alegremente para um grupo de amigos, que batiam palmas e cantavam juntos o refrão.

Esse senhor trajando chapéu e calças cinzas olhou para Rosa e a convidou a fazer parte do grupo. Ela respondeu com um agradecimento, tentando evitar a aproximação. Na realidade, estava exausta e queria, simplesmente, comer o lanche que havia comprado. O cantor no meio da praça insistiu e, dessa vez, contou com o apoio da equipe de gravação. Incentivada, Rosa cantou ao lado do idoso. Um sonoro aplauso se ouviu a distância quando a música terminou. Afinal, todos estavam diante de uma cantora profissional com a voz delicada que, naquele momento, começava a ser apreciada no outro lado do mundo. Houve um bis e mais aplausos na multidão que se juntou ao redor dela.

O aparelho de karaokê portátil tirou os japoneses de casa. Foi uma solução encontrada para não incomodar os vizinhos, uma forma de respeitar a privacidade daqueles que não gostam de barulho nem de ouvir cantores de fim de semana desafinados.

Rosa voltaria todos os anos ao Japão, praticamente uma exigência do público que, cada vez mais, sentia a necessidade dessa aproximação com as origens. Como estava previsto, a apresentadora ultrapassara a sintonia com a comunidade e se posicionava entre as estrelas da TV brasileira. Numa dessas viagens, em Akasaka, foi recolher os frutos do disco gravado em japonês, um trabalho de música enka, ainda catalogado para a venda pela gravadora Pony.

O disco fazia sucesso e a gravadora lançou uma estratégia de marketing para fazer de Rosa uma figura popular também no Japão. Convocou a imprensa para um encontro com a artista no salão de eventos do hotel Akasaka. Foi um sucesso. Na ocasião, ela recebeu um troféu pela vendagem do disco.

Naquele mesmo dia, veio o convite para que ela participasse do *Morning Show* da TV Asahi, um programa de enorme audiência, comandado por Ogawa Hiroshi, famoso no entretenimento.

Como no *Imagens do Japão*, o *Morning Show* era ao vivo. Rosa se lembra de entrar por um corredor estreito e com pouca iluminação, que unia os camarins ao palco. Nos primeiros passos sentiu as pernas tremerem. A experiente Rosa, senhora absoluta do *show business*, foi acometida da apreensão dos iniciantes. O frio na barriga, uma certa ansiedade que atrapalhava a respiração e acelerava as batidas do coração. Em poucos instantes, faria história na terra dos antepassados ao se transformar na primeira artista brasileira num palco da TV Asahi. Enquanto caminhava, ouvia o som vindo do auditório. Uma apresentação musical que a plateia acompanhava com palmas, cadenciadas, algo que Rosa conhecia bem: as palmas que encorajam, os aplausos que aliviam.

Ogawa Hiroshi, trajando um vistoso terno azul-claro, animava o público nas conversas com os calouros. Era hábil, deixava os entrevistados sem jeito, com perguntas desconcertantes e pessoais, o que não era usual naquele Japão dos anos 1970. Na lateral do palco, perto da entrada, Rosa acompanhou alguns minutos da ação no palco, o que pareceu uma eternidade. Ela vestia um vestido curto e tinha os cabelos soltos à altura dos ombros. Em alguns instantes, entraria para a história do entretenimento ao se posicionar como atração em um programa da TV japonesa. Naquele momento, a garota de Guararapes se tornara uma autêntica

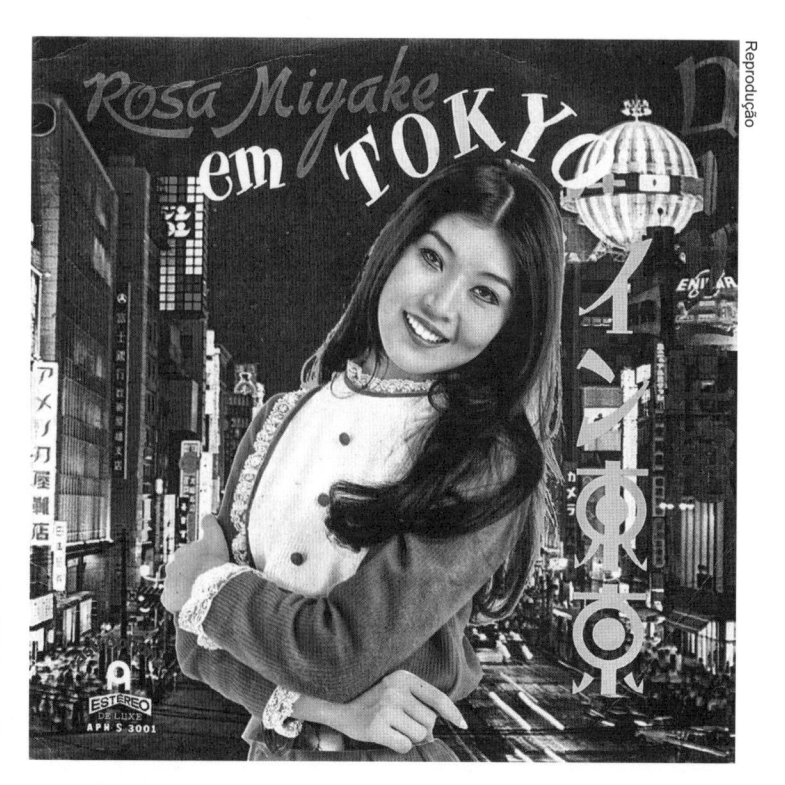

Disco produzido no Japão, lançado lá e aqui em 1968, e ainda hoje em catálogo.

nipônica com o rosto redondo e olhar sorridente. Após a saída do grupo musical que estava no palco, o apresentador iniciou uma longa preleção sobre a próxima convidada. Revelando boa memória, falou de improviso sobre a trajetória da artista brasileira.

– 多くの拍手を受けて、Rosa Miyake ("Recebam, com muitos aplausos, Rosa Miyake").

O momento tão esperado na carreira de muitos artistas que sonham com o reconhecimento internacional se consolidava. Foi amor à primeira vista. A plateia se encantou com o jeito meigo de Rosa e ela sentiu que havia passado pela etapa do processo de aproximação. Ao mesmo tempo que era todo sorriso, o apresentador falava rapidamente. Por sorte, Rosa nunca teve problemas com o idioma. Pelo contrário, ainda misturava palavras em japonês quando conversava com brasileiros. Era a força do hábito.

O apresentador, primeiro, perguntou sobre o Brasil. Queria saber como era a aceitação da música e da arte japonesa em um país famoso pela bossa-nova, pelo samba e pelo carnaval. Ao responder, Rosa fez uma exaltação ao Brasil, uma terra de oportunidades e que recebia todos os povos de braços abertos.

51

Ao contar sobre a carreira, a cantora se emocionou ao falar dos pais e do empenho da mãe em investir no dom artístico da filha caçula. Como uma premonição, ela explicou, a mãe parecia estar ciente de tudo o que aconteceria de bom a partir do momento em que ela começasse a cantar. Falou do disco lançado no Japão e cantou uma das faixas, uma versão em japonês de "A namoradinha de um amigo meu", de Roberto Carlos.

Ao deixar o palco da TV japonesa, Rosa pareceu ter tirado um peso enorme dos ombros. Sua pronúncia do idioma foi impecável. Ela tinha medo

Arquivo pessoal de Rosa Miyake

Arquivo pessoal de Rosa Miyake

Rosa sendo entrevistada
e cantando na TV Asahi,
do Japão.

de que as mudanças constantes no vocabulário pudessem jogá-la em alguma armadilha. No caminho de volta ao camarim, sentiu os olhos lacrimejarem, chorava de felicidade.

A gravadora fez a proposta de trabalhar mais um disco, queria levá-la a teatros, excursionar com um show, mas Rosa precisou voltar ao Brasil. O programa *Imagens do Japão*, que a tinha como atração principal, poderia sofrer um revés sem sua presença. Além disso, Mario Okuhara, responsável por sua carreira, sentia saudades. Anos mais tarde, Rosa e Mario se casariam.

SHOWS INTERNACIONAIS

Rosa passou a viajar para a terra dos ancestrais pelo menos duas vezes por ano. Uma nas férias e outra aos finais de ano, quando tinha a exclusividade de voltar ao Brasil com uma cópia do Kouhaku Utagassen, o festival da canção considerado o principal evento cultural para os japoneses. É transmitido, ainda hoje, em 31 de dezembro. A cópia do programa seria transmitida em eventos lotados nos cinemas da Liberdade.

No Kouhaku Utagassen, quem fazia a seleção dos artistas eram os próprios telespectadores. Perto do final do ano, a emissora Nippon Hoso Kyokai (NHK) colocava à disposição do público um tipo de cartão-postal, o hagaki, no qual poderiam apontar as cantoras e os cantores que mais se destacaram no ano. Os cartões seguiam para a emissora via correio. Também era possível escolher atores, do teatro e do cinema, e atletas. A iniciativa dava um clima especial ao evento, com as pessoas comentando nas ruas e perguntando em quem haviam votado.

Uma semana antes, na NHK, um júri anunciava o resultado, e a mídia e as gravadoras passavam a trabalhar os nomes selecionados. O programa era caríssimo, praticamente um cenário diferente para cada convidado. Uma mistura de cores e brilho, grupos de dança, orquestra, bandas, quadros humorísticos e entrevistas. Uma sequência frenética de tirar o fôlego. Havia ainda uma expectativa, exatamente como ocorre no tapete vermelho do Oscar ou Grammy, de como os artistas se vestiriam. Um vestido poderia gerar mais comentários do que o próprio show. Foi o que aconteceu com a cantora Yashiro Aki. Ela se apresentou com um vestido coberto de pedras preciosas e alguns diamantes. Para despertar ainda mais a atenção, uma equipe de segurança foi buscá-la em casa e ficou o tempo todo no teatro para levá-la de volta em segurança.

A expectativa em torno do Kouhaku Utagassen levou os irmãos Kohei e Mario Okuhara a fazerem uma aposta alta: levar Misora Hibari ao Brasil, onde a comunidade a enxergava como uma deusa. Coube a Rosa Miyake a tarefa de fazer o primeiro contato com a venerada cantora. Nos bastidores da NHK, Rosa se aproximou auxiliada pelo empresário de Misora. A estrela japonesa se lembrou de Rosa no programa da TV Asahi e a elogiou, disse ter gostado da música que ela interpretou, e queria saber quem era Roberto Carlos, o autor de "Namoradinha de um amigo meu", música que fazia sucesso na voz de Rosa. Foi uma conversa rápida. Misora disse que iria pensar sobre o convite.

Arquivo pessoal de Rosa Miyake

Mario Okuhara acompanhado de Rosa e da cantora Misora Hibari.

Dias depois, o empresário de Misora chamou Rosa e Mario para uma nova reunião. Ele contou que a rainha do enka tinha algumas exigências, uma delas levar alguns membros da família no grupo. Todos ficariam hospedados juntos em hotel cinco estrelas e o cardápio de cada refeição deveria ser enviado antecipadamente. Outra exigência: Misora queria que o casal falasse sobre o Brasil, país do qual tinha poucas informações.

Mais uma reunião foi marcada e, dessa vez, com a presença da cantora japonesa. Mario levou um mapa-múndi, o qual abriu diante da cantora para falar das coisas do Brasil. Em bom nihongo, passou a descrever sobre o clima, sempre quente, a cordialidade do povo brasileiro, os ritmos como a bossa-nova e o samba, o carnaval, e detalhou a vida dos imigrantes, sobretudo o cantinho oriental, o bairro da Liberdade. Mostrando uma dose de ingenuidade sobre o mapa geográfico, Misora achou o Brasil perto do Japão e perguntou se as pessoas daqui a conheciam. A questão surpreendeu os brasileiros na sala, mas a habilidade de Mario quebrou o gelo ao afirmar que ela era a artista mais aguardada por filhos e descendentes da Terra do Sol Nascente.

Misora ainda mostraria alienação ao revelar espanto ao saber da imigração de japoneses ao Brasil. Novamente, a reunião terminou sem um acordo formal, e o casal Rosa e Mario não poderia voltar ao Brasil estando tão perto de um contrato que influenciaria para sempre a carreira de ambos. Uma semana após a conversa diante do mapa-múndi, Misora convidou os brasileiros para um jantar. Foram ao renomado restaurante de Jiro Ono, único sushiman com três estrelas Michelin, onde embalaram um bate-papo gostoso sobre o Brasil. Serviram-se pratos de uma comida deliciosa e muito saquê no pequeno ambiente em frente à estação de Ginza. E, de novo, um encontro sem a certeza de um futuro contrato.

Passado quase um mês, o empresário de Misora procurou o casal e informou sobre a decisão. Ela aceitaria fazer as apresentações no Brasil, contando com o cachê e com alguns valores na participação da bilheteria e dos patrocínios, além das exigências de acomodação de uma grande estrela. Foi aí que surgiu um novo problema, o irmão de Misora, Tetsuya Kato, havia se envolvido com a Yakuza e ficou preso por algum tempo. Tinha os deslocamentos limitados e era obrigado a se apresentar à justiça rotineiramente. Desde o início, Misora havia imposto como condição ser acompanhada pelos familiares, inclusive pelo irmão a quem devotava cuidados extremos. Mario Okuhara esteve com as autoridades judiciárias em Tóquio, mas recebia respostas evasivas a respeito da autorização para a viagem de Tetsuya Kato. Foi necessário pedir ajuda no consulado brasileiro, que, de início, também não deu muita atenção à exigência da celebridade japonesa. Alegava-se que não seria adequado tentar interferir nas decisões de um país soberano e com bom relacionamento com os brasileiros.

A complicada situação perduraria por muito tempo, um ano, até que houvesse a anuência para que os irmãos Kato viajassem juntos (o verdadeiro nome de Misora era Kazue Kato), porém Mario Okuhara precisou assinar um termo de responsabilidade sobre os atos do antigo membro da máfia. Foi assim que a Rádio Santo Amaro, Rádio Apolo, a gravadora Astrophone e o jornal *São Paulo Shimbun* passaram a anunciar com grande entusiasmo a vinda de Misora Hibari naquele agosto de 1969. A cantora fez três apresentações no ginásio do Ibirapuera, sempre lotado, alcançando um público de 40 mil pessoas. Deu entrevistas para emissoras de rádio, jornais e revistas, e nas declarações não escondia o espanto por descobrir tantos fãs no Brasil.

Em sua longa carreira, iniciada aos 6 anos de idade e só interrompida com a morte em 1989, Misora vendeu 40 milhões de discos e, por 10 anos seguidos, foi eleita pelo público a principal atração do Kouhaku Utagassen. Na última apresentação da cantora no Ibirapuera, um domingo, houve uma festa de confraternização no restaurante do hotel Hilton, na avenida Ipiranga, onde ela ficou hospedada. Misora viajaria no dia seguinte e, por esse motivo, preferiu brindar o sucesso da turnê, trocar algumas palavras e voltar para a suíte. Os irmãos Okuhara, Rosa, os patrocinadores e outros integrantes da equipe avançaram noite adentro na comemoração. Quando os ponteiros bateram quatro horas da madrugada, Kohei decidiu ir embora. Ele tinha um Aero Willys, um modelo sofisticado e usado por autoridades e gente abastada.

Seguiu em direção à avenida 23 de Maio, caminho para o bairro do Jabaquara onde morava. Estava sozinho e tudo indica que dormiu ao volante, indo de encontro a um caminhão de entrega de leite que diminuía a velocidade para entrar em uma área de acesso à avenida Paulista. Uma colisão violenta fez Kohei perder muito sangue. Ele ainda foi socorrido ao hospital, onde morreu horas depois. Misora retornou ao Japão sem saber que ele havia morrido. A notícia só foi transmitida ao empresário, que apenas dias depois informou a cantora. Na viagem ao Brasil, Tetsuya Kato, o irmão, se comportou muito bem, preferindo passar a maior parte do tempo dentro do hotel. Mas na volta ao Japão reencontrou os velhos amigos integrantes da Yakuza. Em 1973, houve uma ampla investigação sobre a organização mafiosa e a operação policial acabou respingando em Misora, que utilizava seguranças da máfia, contratados pelo irmão. A repercussão fez com que a NHK reduzisse a participação dela nos programas, mesma atitude tomada pelas demais emissoras. Em resposta, Misora declarou que se tivesse que escolher entre a carreira e o irmão, certamente ficaria com Tetsuya.

O jornal *São Paulo Shimbun* de 17 de agosto de 1970 estampou o contraste dentro de um mesmo contexto. No centro da página, trazia a notícia: "Faleceu, em consequência de um desastre, o sr. Kohei Okuhara, de 45 anos de idade, diretor-presidente da Rádio Apolo. O desastre ocorreu na avenida 23 de Maio quando o carro que dirigia entrou na traseira de um caminhão de leite. A vítima faleceu 9 horas depois no Hospital do Servidor Público Municipal. O féretro saiu de sua residência, rua General Eloy Afonso, 220, para o Cemitério do Araçá."

Na mesma página, uma reportagem falava do sucesso de Misora Hibari: "Após proporcionar 3 dias de alegria e emoção a seus fãs, Hibari embarcou na manhã de hoje juntamente com sua comitiva do Aeroporto do Galeão de regresso ao Japão. No palco especialmente montado no Ginásio do Ibirapuera, Hibari cantou, cantou e cantou diante de fãs que vieram das mais longínquas regiões brasileiras, para ouvir e ver de perto a maior cantora japonesa de todos os tempos."

A morte de Kohei deixou Mario Okuhara muito abalado. Os dois foram ousados e apostaram nos espetáculos com os nomes mais famosos da música japonesa. Antes de Misora, eles trouxeram, em 1967, Tabata Yoshio, músico e astro do cinema. Tabata fez sete apresentações no Brasil, todas beneficentes, em nomes de entidades como a Associação dos Anciãos Japoneses, lugar que começava a reunir os imigrantes das primeiras levas a partir do navio Kasato Maru.

A cantora Aoe Mina (Shizuko Ihara) também veio a São Paulo para lotar auditórios por onde passou.

Quando faleceu, Kohei ainda estava pagando as mensalidades pela compra da Rádio Apolo. Os filhos, Gioji e Kazuko, mantiveram a emissora no ar por seis meses até vendê-la aos irmãos Paulo e José Abreu. Ficaram na Rádio Apolo

Página do jornal *São Paulo Shimbun* dando duas manchetes contrastantes:
o sucesso da cantora Hibari e o falecimento de Kohei Okuhara.

por mais dois anos, alugando duas horas diárias para exibir o programa *Mensagem musical nipônica*. Kazuko (Alice) apresentava e Gioji se encarregava da parte comercial, sendo o responsável por trazer anunciantes. Encerrada a fase de radialista, o filho de Kohei Okuhara se dedicou à administração de empresas, tendo sido bem-sucedido como executivo de multinacionais.

IMAGENS
DO JAPÃO

Por dias, Mario Okuhara andou cabisbaixo, abalado com a morte de seu maior apoiador, até descobrir que o antídoto para tamanha tristeza era mesmo o trabalho. A partir daquele momento, precisava tomar as decisões e seguir em frente. O diretor e produtor resolveu sair do rádio e se voltou para a televisão. Ele encarregou o produtor Jorge Nishikawa de fazer uma imersão na TV Tupi para aprender tudo sobre a organização de um programa televisivo. O jovem Nishikawa trabalhava na Rádio Santo Amaro e apresentava o programa *A voz do nissei*.

– Era uma espécie de seletiva de músicas com cantores japoneses lançados pela gravadora Astrophone – lembra Nishikawa.

– Durante a semana, os ouvintes escolhiam as músicas que seriam tocadas no sábado, uma seleção de dez composições interpretadas por cantores e cantoras japoneses até então desconhecidos – acrescenta. – A ideia era divulgar a Astrophone e vender discos.

Ao entrar como assistente de produção na TV Tupi, Nishikawa foi estagiar no programa *Almoço com as estrelas*, do casal Lolita e Aírton Rodrigues. Como o nome denunciava, ia ao ar ao meio-dia, tradicional horário do almoço no Brasil, com atrações musicais e entrevistas. O cenário lembrava um restaurante com mesas cobertas com toalha de pano e os figurantes tomavam o "delicioso guaraná Antarctica", segundo os apresentadores, um elogio à patrocinadora. No meio, havia uma passarela em declive entre as mesas que levava os convidados até o palco em frente às câmeras. Naquela época, Lolita Rodrigues se destacava no meio artístico como uma atriz de renome e Aírton, o marido, era considerado o rei das gafes. O programa era ao vivo e sempre que entrava o intervalo comercial, o pessoal da limpeza passava o rodo com pano úmido na passarela e no palco, para tirar as marcas de sapato. Certa vez, ao retornar de um intervalo, o casal chamou a cantora Vanusa, que estava grávida da primeira filha, fruto do relacionamento com o cantor Antonio Marcos. Ao descer a passarela, ainda úmida, Vanusa, com uma barriga de sete meses, escorregou, mas conseguiu se equilibrar, assustando a todos no palco.

– Calma, Vanusa, não se esqueça de que todos nós somos um pouco pais dessa criança – tascou Aírton, ainda assustado com a cena.

Em outra oportunidade, recebeu um papel com a informação sobre a morte do piloto francês de Fórmula Um, François Cevert, um galã das pistas, que estava deixando as corridas para ser astro de cinema. Ele morreu durante os treinos para o Grande Prêmio dos Estados Unidos, em 1973.

– Estou recebendo aqui a informação do jornalismo da TV Tupi sobre a morte do piloto francês François... François Cuvert. Que coincidência! O piloto que morreu se chama Cuvert e nós estamos na hora do almoço – disse sem titubear.

Nesse clima de erros e acertos de um programa ao vivo, Jorge Nishikawa fez de tudo um pouco nos bastidores, roteiros, cenografia, iluminação e agendamento de artistas. Do *Almoço com as estrelas*, foi parar em outro programa, o *Caravela da saudade*, esse mais segmentado e dedicado à comunidade portuguesa, bem ao estilo do que viria a ser o *Imagens do Japão*. Mario Okuhara alugou um horário no Teatro Brigadeiro, na avenida Brigadeiro Luís Antônio, onde a TV Tupi gravava os programas de auditório, e deu início à nova empreitada.

O primeiro apresentador do *Imagens* foi Alberto Murata, publicitário, jornalista e haicaísta (escritor de poemas haicai, um estilo de 17 sílabas e sem rima). Ele também saíra da Rádio Santo Amaro, onde apresentava programas dominicais direto do Cine Joia, na praça Carlos Gomes. Nishikawa mandava o roteiro do programa, que incluía a fala do apresentador e o diálogo que seria mantido com os convidados, para a censura federal do regime militar, e só com a aprovação ele fazia os ensaios. O *Imagens do Japão*, em sua temporada de estreia, tinha 3 horas e meia de duração. Do meio-dia às três e meia da tarde, todos os domingos. Seu primeiro diretor foi Atílio Riccó, um dos mais conhecidos produtores e diretores de novela, tanto no Brasil quanto em Portugal, onde foi morar.

No alto à esquerda, uma visão geral do palco do *Imagens do Japão*. O programa contava com a participação ativa da comunidade, como este grupo de escoteiros, e também recebia artistas do nível do ator Toshiro Mifune, que atuou sob a direção de Akira Kurosawa.

Nishikawa lembra a atração de estreia, o conjunto (hoje chamado de banda) Os Incríveis, que havia retornado do Japão, onde fez um estrondoso sucesso e gravou um compacto com quatro músicas, entre elas "Kokorono nigi" ("Arco-íris azul"), cantada em português e japonês.

> "Saudade é a lembrança do amor que um dia deixei ali
> Saudade é nostalgia do Japão que nunca esqueci.
> Boneca linda, dourada
> O sol que nasce vem me contar
> que dos teus iluminou duas pérolas a rolar.

Itusuka anata to musubareta hi ni
Dakishime dasimete amaete ii no ne
Watashi no kokoro ha namida de yureru kedo
Kanashi chouchou ha cozara he kaeru."

Os Incríveis eram os principais representantes do iê-iê-iê, o movimento de músicas dançantes que identificava o rock brasileiro. Os integrantes Mingo, Manito, Netinho, Risonho e Nenê eram todos muitos jovens, com pouco mais de 20 anos, e estavam no auge da carreira, o que revelava o caixa robusto do *Imagens do Japão* para trazer artistas de cachê elevado.

Após o primeiro ano do programa, que se iniciava sempre com um número musical da cantora Rosa Miyake, Alberto Murata ganhou a companhia de Reimi Honda, outra artista experiente, cuja carreira profissional também se confunde com a história do entretenimento no Brasil. Reimi Honda nasceu na capital paulista e fazia parte do elenco artístico da TV Tupi quando da fundação da emissora, em 18 de setembro de 1950. Como tudo era feito ao vivo, a Tupi tinha um grupo seleto de garotas-propaganda para anunciar produtos e conseguir faturamentos em cada programa. Ela era uma das garotas-propaganda desse período, e na década de 1960 começou a carreira de atriz em novelas e teleteatro. Contratada pela TV Bandeirantes, foi comandar programas infantis e, ao se transferir para a TV Record, atuou no humorístico *Hotel do Sossego*, ao lado de Walter D'Ávila; e na *Praça da Alegria*, criação de Manoel da Nóbrega. Ao deixar a televisão, passou a atuar como relações públicas, tendo executado essa função na TV Cultura.

Com uma dupla afinada no palco, Mario Okuhara fez outra aposta ousada: transmitir ao vivo o Kouhaku Utagassen. Seria necessário ampliar a parceria com a poderosa NHK, emissora hoje presente no mundo todo, com transmissões em diversos idiomas.

O evento aconteceria via satélite, ou melhor, dois satélites, um para mandar o sinal à Europa e outro que completaria o trajeto até o Brasil, um projeto ambicioso e caro, impossível de ser implementado não fosse o grande número de patrocinadores reunidos por Mario Okuhara, como Varig, Chevrolet, Yakult, Banco de Tóquio, Sanyo, entre outros. Rosa Miyake foi escolhida para fazer a ponte entre os dois extremos do mundo. Ela ficou encarregada das reportagens com os artistas e personalidades do mundo político, além de mostrar as transformações no cenário japonês com o acelerado crescimento econômico. Até então, o festival só era visto dias depois de ser realizado, graças ao videoteipe que Mario Okuhara trazia debaixo do braço. O fato de conseguir a transmissão ao vivo fez com que famílias

Antes de assumir o palco como apresentadora, Rosa sempre abria o programa com um número musical.

inteiras se reunissem diante da televisão para celebrar o momento tão aguardado e que marcava o fim de um ano de luta e de realizações.

Eram nove horas da manhã no Brasil e nove horas da noite no Japão quando tinha início o festival. Antes, porém, o *Imagens do Japão* mostrava as reportagens prévias para, em seguida, Rosa anunciar direto dos estúdios da NHK o grande momento. Uma verdadeira seleção de cantores e cantoras passava pelo palco, dava entrevistas e emocionava o público.

Dos estúdios da NHK em Tóquio, Rosa apresentava o Kouhaku Utagassen, transmitido ao vivo via satélite para o Brasil.

O que causou enorme surpresa nas reportagens pré-gravadas foi a entrevista do primeiro-ministro Eisaku Sato, um político de enorme carisma, concedida a Rosa Miyake.

– Foram vários dias de negociações junto ao governo japonês até o sinal positivo de que a entrevista aconteceria – lembra a artista nipo-brasileira.

O encontro seria em uma sala do jardim de inverno na residência do primeiro-ministro, o que permitiria mostrar os flocos de neve caindo enquanto a conversa se desenrolava. No dia marcado, véspera do Réveillon, a equipe de *Imagens do Japão* se deparou com uma legião de repórteres ávidos por uma mensagem de fim de ano do chefe de governo. O primeiro-ministro estava sentado em uma poltrona de costas para a janela e, ao lado, havia uma poltrona vazia. Quando Rosa entrou vestindo um *tailleur*, foi alcançada por funcionários do cerimonial que a conduziram até a poltrona ao lado de Eisaku Sato. Os demais jornalistas trocaram olhares de questionamentos. Mario Okuhara pediu licença para se aproximar e disse perto do ouvido da mulher:

Pelo *Imagens do Japão*, Rosa entrevistou de artistas japoneses, célebres na comunidade nipo-brasileira, a primeiros-ministros. Em sentido horário, Rosa em Tóquio e entrevistando o primeiro-ministro (1980-82) Suzuki Zenko e os cantores Kayama Yuso, Sawada Kenji, Itsuki Hiroshi e Murata Hideo.

– Seja você. O palco é seu. Me deixe orgulhoso.

Mario se afastou fazendo reverência. Estava preocupado, pois imaginava que haveria um ensaio antes de a gravação começar, o que não ocorreu, uma vez que o primeiro-ministro também pretendia falar aos outros jornalistas.

Rosa começou a entrevista pedindo uma análise daquele ano de 1970, e depois pediu uma mensagem ao povo brasileiro. Para encerrar, Rosa perguntou se o primeiro-ministro gostava de cantar. Antes da resposta, ouviu uma sonora risada, inesperada.

– Eu canto, mas só dentro de casa. Não me peça para cantar. Não tenho afinação suficiente. – E mais uma vez, abriu um largo sorriso.

A apresentadora abaixou a cabeça em respeito e, ao deixar o local da entrevista, se viu cercada pelos jornalistas que queriam saber o motivo da gargalhada do primeiro-ministro. Ela se tornara o centro das atenções por fazer uma pergunta de cunho pessoal, o que não era comum. Eisaku Sato ficou dez anos no poder (1964-74) e recebeu o prêmio Nobel da Paz ao instituir os princípios não nucleares na constituição japonesa e ao se tornar o primeiro chefe de governo de um país asiático a assinar o Tratado de Não Proliferação Nuclear.

O sucesso da transmissão ao vivo do festival da canção foi tamanho, que obrigou a produção brasileira a voltar nos anos seguintes. Quem teve a chance de assistir, guarda boas lembranças. Muitas crianças observavam os avós imigrantes com os olhos fixos no aparelho de TV. Moviam os lábios cantarolando. Faziam comentários. Riam e choravam. Era uma volta ao passado em grande estilo e com o coração saltitando.

Haveria ainda outras iniciativas do *Imagens do Japão* que causariam euforia na comunidade nipônica. Uma delas, a contratação de Yashiro Aki para se apresentar no Brasil. A cantora nascida em Kumamoto rivalizou durante muito tempo com Misora Hibari. Bonita e talentosa, Yashiro costumava vender mais de um milhão de discos a cada lançamento. Fez novelas e filmes ao longo da carreira e também se tornou artista plástica, tendo pinturas expostas em museus do Japão e da Europa. Atualmente, está com 67 anos.

A partir do primeiro encontro, nas apresentações no Brasil, Rosa Miyake e Yashiro Aki se tornaram grandes amigas. Em várias oportunidades, quando esteve no Japão, o casal Okuhara se hospedou na casa de Yashiro. Rosa se tornou companhia constante nas apresentações da cantora japonesa e elas eram vistas em restaurantes e lojas, como se fossem duas irmãs. Em uma dessas visitas, Yashiro estava em turnê e quem recepcionou a família foi o pai dela, um senhor que vivia às voltas com problemas de saúde, embora demonstrasse sempre muita animação ao falar sobre a carreira da filha, seu maior orgulho. Rosa se recorda de ver o filho, Jun Okuhara, cumprimentá-lo da maneira ocidental, estendendo a mão direita. Por uma trágica coincidência, no dia seguinte, o pai de Yashiro faleceu e a cantora interrompeu a turnê. Ficou bastante abalada e só retornou ao palco quase um ano depois. Num dos encontros com a família Okuhara, a cantora virou-se para Jun Okuhara e o agradeceu pelo carinho dedicado ao pai no último encontro entre os dois.

Rosa se considera uma espécie de "cupido" na vida de Yashiro Aki. Durante o inverno, a cantora japonesa costumava levar amigos e sua equipe de produção para passar uns dias em sua casa de campo longe da agitação de Tóquio. Nesse imóvel, ela mantém o ateliê de pintura. Com o incentivo dos amigos, Yashiko se declarou a um de seus assessores técnicos, o sr. Masuda. Os dois se casaram em uma festa no Havaí.

Depois da Tupi, o programa *Imagens do Japão* foi apresentado na TV Bandeirantes e, ao deixar a emissora do Morumbi, passou a ocupar duas emissoras de TV ao mesmo tempo. No sábado, a Gazeta, com três horas e meia de duração, e no domingo, a TV Record, com mais duas horas. Ambos eram ao vivo. Jorge Nishikawa já havia deixado a equipe e se transferira para a rede de lojas de eletrodomésticos Eletroradiobraz, onde produzia e gravava os comerciais. Foi ele quem anunciou o primeiro aparelho de televisão com imagem colorida no Brasil, da Semp-Toshiba. Mais tarde se tornou presidente do Sindicato Rural Patronal de Apucarana, no Paraná. Quem já vinha assumindo o lugar de "faz tudo" nos dois programas era Osvaldo Negami, o diretor artístico.

– Era um trabalho incessante, tenso, que deixava a produção enlouquecida, buscando temas diferentes de um dia para o outro e, assim, evitar a repetição de atrações – lembra Negami, hoje afastado da TV e exercendo a atividade de paisagista.

Yashiro Aki cantando e na companhia de sua amiga Rosa.

– Além de todos os ensaios, maquiagem, coreografia, tínhamos que nos preocupar com um detalhe técnico. Gravávamos em quadruplex, acho que o primeiro sistema do videoteipe, com aquelas fitas largas e rolos maiores. Um sistema ainda precário, e ninguém poderia usar vermelho, que no ar causava o chamado "batimento", em que o desenho da roupa não fica definido, parecia um borrão. Roupas todas brancas também não produziam um bom efeito. Então, nossa preocupação era não usar vermelho ou o branco excessivo. Os apresentadores não podiam usar essas cores nem as pessoas do auditório, que ficavam nas primeiras filas e eram mostradas pelas câmeras – comenta Negami com o seu jeito discreto.

Osvaldo Negami é filho de imigrantes nascidos em Okinawa e que se instalaram no Paraná para trabalhar na lavoura de café na década de 1950. Os pais viajaram no Argentina Maru, navio do estaleiro Mitsubishi, que seguia a tradição de batizar transatlânticos com nomes de países e capitais sul-americanas, como Montevideo Maru, Buenos Aires Maru e Brasil Maru (*maru* é a corruptela para "mar"). O jornal *Diário da Noite* trouxe a seguinte informação sobre a chegada do Argentina Maru no Porto de Santos pela primeira vez:

> Tivemos oportunidade de notar a euforia dos visitantes do "Argentina Maru". Além do orgulho que demonstravam ao analisar a construção do navio, procuravam experimentar o legítimo "sake" feito no Japão. Seis noivas desembarcaram em Santos. Seus noivos para aqui vieram a fim de iniciar sua vida e agora seguem com elas para o interior, onde se casarão, continuando suas atividades na lavoura.
>
> [...]
>
> Na confusão de abraços e inclinações respeitosas, notamos, no topo da escada de desembarque, uma menina de uns 10 anos que ostentava, bem alto, à vista dos que entravam, um pequeno cartão com dizeres em japonês. Fomos

informados pelo intérprete que a menina viera recomendada a uma família residente no interior do estado. Entretanto, como não conhecia os membros dessa família, exibia a todos que iam a bordo a sua identificação. Vimos, mais adiante, outra jovem de 18 anos, que também mostrava igual cartaz com a sua identidade. O "Argentina Maru" levantará ferros ainda hoje, terminando o seu roteiro em Buenos Aires.

Osvaldo Negami se tornou o assessor de confiança de Mario Okuhara, fez um pouco de tudo durante os 25 anos em que atuou na equipe do *Imagens do Japão*. Foi cenógrafo, produtor, roteirista e chegou até mesmo a cuidar da parte financeira e dos pagamentos de contratos. Era entusiasta das novelas em japonês e, mais tarde, ficaria encarregado do concurso Miss Nissei.

Negami criou um estilo, cheio de adjetivos, ainda hoje usado na produção de roteiros. Na abertura, uma sequência de slides sobre paisagens e pessoas no Brasil e no Japão, música de fundo e o texto: "Aos sábados, a coletividade nipo-brasileira fica ligada na Rede Gazeta de Televisão porque a Mario Okuhara Produções apresenta o espetacular *Imagens do Japão*. Hoje, em cartaz, Tabata Yoshio, um super-show com o cantor-coração do Japão, um oferecimento (nome dos patrocinadores). E o carnaval, 1979, direto do Clube Atlético Ypiranga".

Uma das reportagens daquele programa de 1979 era a entrevista com o primeiro-ministro japonês: "E assim o primeiro-ministro Ohira (Masayoshi Ohira) falou ao povo brasileiro, através do *Imagens do Japão*. Sua excelência saudou especialmente a coletividade nipo-brasileira, porque sabe que aqui no Brasil vivem perto de um milhão de japoneses e seus descendentes, que trabalham incansavelmente para o esplendoroso progresso desse amado país. O primeiro-ministro admira o laborioso dinamismo de todos e pede: 'continuem sendo bons brasileiros'. Ele encerrou a entrevista externando o ardente desejo de ver fortalecer os laços de amizade que unem o Japão ao Brasil".

ROSA,
A APRESENTADORA

Trabalhar com a programação ao vivo é uma das atividades mais estressantes no mundo do entretenimento. Os sinais para a transmissão dependem de uma equipe técnica especializada, profissionais posicionados em pontos distantes e conectados através do sistema de rádio interno. Ficam o tempo todo com aqueles fones de ouvidos e microfone acoplado trocando informações a respeito de fios com mau contato, iluminação ineficiente, textos para serem fechados e convidados e entrevistados que estão atrasados. Os produtores nos camarins acompanham artistas, maquiadores eliminam pontos de suor no rosto, deixam beldades ainda mais belas, figurinistas substituem roupas que dão "batimento", listras que interferem na transmissão, fazendo com que a roupa da pessoa focalizada pareça metálica. O som dos músicos precisa ser nivelado. O palco recebe marcações com fita crepe no chão para indicar onde as pessoas podem ficar sob pontos de iluminação antecipadamente ajustados. É uma confusão, de certa forma organizada, que envolve muita gente indo e vindo e aprontando tudo ao mesmo tempo.

Mesmo assim, os imprevistos se impõem a cada momento. Chefes gritam quando se sentem pressionados pelo relógio. É sempre uma contagem regressiva e, em muitas ocasiões, parece que nada vai dar certo. Mas o espetáculo vence no final, apesar de imprevistos quase intransponíveis.

Pregar peças parece mesmo coisa de artista. Numa manhã de domingo, na TV Record, a apresentadora do *Imagens do Japão*, Reimi Honda, simplesmente se atrasou mais do que deveria. Uma situação que se mostrou preocupante, uma vez que Alberto Murata desfrutava de merecidas férias fora do país, ou seja, Reimi vinha atuando sozinha no palco. Os ponteiros do relógio não davam trégua. Faltavam apenas 45 minutos para o programa ir ao ar. Nenhum telefonema. Reimi estava em algum lugar incomunicável. Não estava em casa, então onde? Quinze minutos para o programa começar. Calouros a postos, músicos com os instrumentos afinados, entrevistados ajeitando a gravata, mulheres checando os penteados e nada da apresentadora.

Faltando dez minutos, o diretor Mario Okuhara chama Rosa Miyake e anuncia:

– Você vai apresentar o programa.

Rosa empalideceu, segurou a respiração, fez menção de protestar, mas o diretor foi ainda mais rápido.

– Entenda a emergência do momento. Pegue o microfone e apresente o programa. Se Reimi chegar, fazemos a troca.

Naquele momento, o diretor Negami apareceu ofegante:

– Estamos entrando no ar.

Rosa se posicionou na beira do palco e às dez horas em ponto entrou em cena. A plateia aplaudiu a jovem que costumava cantar no programa, esperando os acordes da primeira canção. Mas, a partir daquele momento, ela faria mais do que cantar.

– Ohayo (bom dia). Nós estamos com um pequeno probleminha, a nossa querida Reimi Honda ainda não chegou e, enquanto esperamos por ela, eu vou conversar com vocês e cantar aquelas belas canções que, eu sei, vocês gostam tanto.

O maestro levantou os braços para chamar a atenção dos músicos e introduziu as primeiras estrofes com gestos elegantes e firmes. Rosa, sempre com um sorriso cativante, mas um tanto nervoso naquele momento de improviso, entoou "Oka wo koete" ("Além da colina"), uma música clássica japonesa, muito alegre e acompanhada com palmas.

> "Okawokoete ikōyo Masumi no sora wa hogaraka ni harete tanoshī kokoro naru wa mune no chishio yo tataeyo waga seishun (Haru) o iza yuke haruka kibō no okawokoete."

> "Vamos para além da colina. O coração fica alegre com o amplo céu que desperta radiante em um dia de sol.
> Vamos inflar o peito. Nossa juventude vai longe, para além da colina da esperança."

Enquanto cantava, olhava para as laterais do palco e nada de Reimi aparecer. Produtores faziam o sinal de negativo com as mãos. Quando encerrou a primeira canção, Rosa decidiu ousar um pouco mais para ganhar tempo e em vez de chamar a primeira atração, o primeiro entrevistado, com quem certamente Reimi gostaria de conversar, desceu do palco e foi se misturar à plateia. Com o microfone em mãos, começou a entrevistar as pessoas sentadas na primeira fila, geralmente os mais idosos.

– Hai, como é o seu nome? – perguntou a um senhor que trajava um terno cinza, roupa que parecia folgada e bem maior do que o franzino japonês.

– Esta ao seu lado é sua esposa? Vieram de onde?

E assim foi com alguns dos presentes na plateia, que ficou encantada com aquele encontro inusitado. Ficar tão perto de alguém que devotavam admiração e carinho foi emocionante.

Novamente os olhares para as laterais do palco e novamente os sinais negativos. Nesse momento, ao receber as fichas que trazem o roteiro da programação do dia, leu um recado escrito por Mario Okuhara: "Siga em frente. Chame a primeira atração".

Rosa retornou ao palco e, como pediu a mensagem, seguiu em frente:

– Vamos chamar agora o primeiro calouro aqui no palco...

A partir daquele momento, Rosa Miyake também se tornou uma apresentadora e passou a arrebatar uma legião de fãs no Brasil inteiro e também na terra dos antepassados. Reimi não pôde mais seguir na apresentação do *Imagens do Japão*. Ela preferiu não comentar o que causou a sua ausência naquele dia.

Os vários penteados de Rosa no comando do *Imagens* denota não só a longevidade do programa, como também seu *status* como ícone de estilo. O microfone que batia palmas, à esquerda, virou uma marca registrada.

Ao lado de Alberto Murata, Rosa assumiu o comando da apresentação do *Imagens do Japão*, que se tornaria um dos programas mais longevos da TV brasileira, com cerca de 40 anos de duração. Em época sem internet e com ligações telefônicas internacionais custando os olhos da cara, a comunidade nipo-brasileira se apegou ao programa para rever cenas do cotidiano japonês, ouvir canções tradicionais, assistir a espetáculos de dança, entrevistas com representantes da comunidade, competições de soroban (instrumento de cálculos matemáticos) e receber notícias dos últimos acontecimentos na tão querida Terra do Sol Nascente.

Arquivo pessoal de Rosa Miyake

Arquivo pessoal de Rosa Miyake

Arquivo pessoal de Rosa Miyake

O casal de apresentadores do *Imagens do Japão*: Rosa e Alberto Murata.

O *Imagens do Japão* aproveitou o gosto do público por novelas, a maior audiência da TV brasileira das últimas décadas. Comprou os direitos de exibição da novela *Oshin*, produzida pela NHK. Com 300 capítulos exibidos no Japão entre 1983 e 1984, e aqui no Brasil no ano seguinte, contava a história de meninas que, para ajudar as famílias, iam trabalhar de empregadas domésticas. Oshin (Ayako Kobayashi) era uma delas e a novela teve várias fases, com a personagem principal passado de criança a adolescente, e de meia-idade a idosa. A mensagem de retidão de caráter e esforço pessoal, sempre voltada ao respeito e à solidariedade, encantou os imigrantes e os brasileiros.

– Ninguém saía de casa antes de ver o capítulo – lembra Rosa. – Recebíamos cartas e telefonemas pedindo para que repetíssemos o episódio, que havia sido muito emocionante.

75

CAMPEÕES
DA CANÇÃO

Elegante, Rosa Miyake mesclava o uso de roupas da moda, como as minissaias, porém mais comportadas, deixando à mostra somente os joelhos, com o tradicional quimono de estampas coloridas e a flor no cabelo. *Imagens do Japão* se tornou o programa que aos finais de semana colocava os imigrantes e seus descendentes brasileiros em frente ao televisor para horas de atrações e música.

Durante muitos anos, a principal atração do programa foi o "Uta no Champion", a competição de calouros. Dezenas de pessoas se inscreviam a cada semana para expor seus dotes artísticos. Os perfis eram os mais variados: jovens, idosos, natos, nisseis e brasileiros que decoravam letras em nihongo. Havia quem dançasse, quem recitasse poemas, tocasse instrumentos tradicionais e até apresentasse destreza em quadros de ilusionismo. No começo, houve premiações tímidas, como eletrodomésticos de presente. Com o sucesso da atração, os patrocinadores se tornaram mais generosos e ofereceram carros zero quilômetro.

Em 1973, o primeiro colocado no concurso, Yutaka Kawai, ganhou uma viagem ao Japão com todas as despesas pagas. No ano seguinte, o vencedor foi Ricardo Gatica, que levou um televisor com imagem colorida

Entrega
de troféu
na final
de um dos
concursos
de calouros.

e uma viagem ao Peru. Em 1976, Satiko Ono recebeu um Maverick (Ford) zero quilômetro. No ano seguinte, Satie Ikeda levou para a casa um Passat (Volkswagen) também novinho. No corpo de jurados, havia convidados especiais, mas a base era formada por Idalina de Oliveira, Hisao Okanishi e Massahiko Maruyama. Idalina de Oliveira, uma das grandes amigas de Rosa Miyake, foi quem passou a substituí-la na apresentação do programa quando a titular viajava em férias ou para gravar no Japão. Idalina foi uma das pioneiras da televisão brasileira; morena e bonita, começou como garota-propaganda na TV Tupi e TV Paulista (que depois se tornaria Globo). Apresentou os programas *Ginkana Kibon*, *Capitão 7* (um super-herói criado pela TV Record) e *Astros do disco*. Participou de filmes e gravou músicas de sucesso, como "Amorzinho querido" e "Vento do mar".

A mesa de jurados também contou com a participação de André Korosue, um professor de Física do cursinho Objetivo e apaixonado por música japonesa. Ele frequentou o primeiro karaokê do Brasil, o Donguri, montado na avenida Brigadeiro Luís Antônio. Era tão assíduo como frequentador do local, que chegou a ganhar um litro de uísque em uma promoção por ter comparecido todas as noites, dez dias seguidos. Durante o dia, era um profissional envolvido com números e fórmulas, e à noite soltava a voz numa sequência de sucessos do estilo enka.

Aos 13 anos de idade, André foi ao seu primeiro programa de calouros na Rádio Santo Amaro e, já adulto, se arriscou mais uma vez no *Imagens do Japão*. Logo na estreia, quando o programa era transmitido na TV Record, na avenida Miruna, zona Sul de São Paulo, ficou em quarto lugar. Cantou "Love dakishimetai" (Amor, quero te abraçar), de Sawada Kenji.

Nas idas ao Donguri, costumava se encontrar com o apresentador do *Imagens*, Alberto Murata, que certo dia, em nome de Mario Okuhara, o convidou para fazer parte do júri do programa. O professor de cursinho ficou bastante surpreso e feliz com o convite, e ofereceu uma rodada de uísque a todos os presentes para comemorar a nova atividade: jurado de televisão.

– Foi um período marcante na minha vida – lembra Korosue. – Acho que o sr. Okuhara gostou do meu jeito extrovertido, que também me ajudava nas aulas diante de dezenas de alunos. Fiquei famoso no Objetivo e costumava ser reconhecido como o professor da televisão.

Formado em Física pela USP e neto de imigrantes de Okayama, André vestia paletó e gravata para se acomodar na bancada que daria as notas que definiam quem ficava pelo caminho e quem seguia na competição. Havia revezamento no

Rosa e a amiga Idalina de Oliveira,
também cantora e apresentadora, de quimono
em um número musical do *Imagens do Japão*.

corpo de jurados. Ele lembra que no início dos anos 1980 costumava dividir a bancada com o cantor Yuki Yoshi, a miss nissei Nice Kuroba, Idalina de Oliveira, Ênio Campos, Yasuichi Okamoto, professor Okanishi, Jussara Tsutsumi (miss nissei), Sérgio Tanigawa, Fukuo Yamaguchi, entre outros.

Nos finais de ano, quando Rosa Miyake viajava para as gravações no Japão, os jurados eram desafiados a ocupar o lugar dela nas propagandas.

– Uma vez tive a satisfação de apresentar um *merchandising* e sortear um prêmio. A produção do programa vivia pregando essas peças nos jurados. Saí da bancada, li um texto sobre o televisor Semp-Toshiba e fiz o sorteio do aparelho para o auditório.

O físico paulistano Korosue, cantor nas horas vagas, se envolveu ainda mais com a comunidade nipônica a partir do programa *Imagens do Japão*.

79

Atualmente, preside o Kodomo no Sono, entidade que atende a pessoas com deficiência intelectual; e é também diretor-secretário do Conselho Deliberativo do Bunkyo (Sociedade Brasileira de Cultura Japonesa) e membro da Comissão de Música Folclórica.

A maioria dos inscritos do "Uta no Champion" cantava por prazer. Alguns até tentaram seguir carreira, mas sem a insistência característica de quem quer levar a vida sobre o palco. Muitos, ainda hoje, são vistos nos karaokês do bairro da Liberdade, onde reunir os amigos e cantar foi algo que se consolidou no chamado *happy hour*, o momento de lazer entre amigos regado a cerveja. Quando participou pela primeira vez do concurso de calouros, em 1991, Ricardo Terashita escolheu a música "Hana no toki aino toki" (Tempo de flores, tempo de amor) e não foi muito bem. Estava nervoso e sequer conseguiu passar da primeira eliminatória. A música sempre o motivou e ele passou a trabalhar como sonoplasta em estúdios de gravação. No ano seguinte, quando voltou ao "Uta no Champion" teve um desempenho melhor. Escolheu a versão japonesa de "Remember me" (Coco) e passou na seletiva, porém foi desclassificado na etapa seguinte. Foi o suficiente para incentivá-lo a se dedicar ao canto, algo que se tornou profissão e fez desse neto de imigrantes de Hiroshima e Osaka um dos DJs mais conhecidos da Liberdade. Ele mesmo se fortaleceu como atração no karaokê Samurai da rua da Glória, onde trabalha há cerca de 20 anos, ao se vestir com trajes brilhantes de seda, ter a companhia de bailarinos e subir ao palco, todas as noites, na casa que costuma ficar lotada. Turistas e artistas famosos frequentam o local. Quando veio ao Brasil para divulgar o último filme da saga *Crepúsculo*, o ator Taylor Lautner foi recepcionado por Terashita no Samurai, onde arriscou uma melodia em ritmo oriental.

– Com o público brasileiro frequentando os karaokês, as composições mais pedidas mudaram bastante – afirma Terashita. – Saiu de cena o tradicional "Sayonara", para dar lugar à música "Evidências", de Chitãozinho e Xororó.

Aos 20 anos, em 1985, Nilton Marubayashi fez a sua primeira tentativa no concurso de calouros do *Imagens do Japão*. Foi muito bem. Na competição final, ficou em quarto lugar. No ano seguinte, voltou a enfrentar novamente os jurados. Não só ele. Mais de trezentos inscritos esperavam pela chance de revelar os dotes artísticos. Os candidatos poderiam escolher entre concorrer com músicas tradicionais, estilo enka, ou o pop. Nilton lembra quando viu Rosa Miyake, ao vivo, pela primeira vez:

– Foi muito emocionante estar perto dela. Uma pessoa alegre, que fazia muitas brincadeiras e deixava os calouros à vontade. Ela perguntava muito sobre a família. Se os pais estavam assistindo ao programa em casa ou no auditório. Ela dava muita importância aos valores familiares.

Nilton destaca outra característica da apresentadora:

– Ela parecia se atrapalhar um pouco com as fichas que tinha nas mãos. Às vezes, chamava uma pessoa e entrava outra. Acho que ela fazia de propósito, para quebrar o gelo e tirar o nervosismo dos candidatos.

Os trezentos inscritos enfrentaram sete eliminatórias na TV Gazeta, e Nilton foi para a final. Naquele sábado, ele cantou "Sayonara" (dos compositores Mike Maki e Hachidai Nakamura) e foi o vencedor. Levou como prêmio um automóvel modelo Gol, que foi retirar na concessionária Santa Luzia, no bairro do Jabaquara. Ele não usou o carro, que foi vendido para um parente. O dinheiro foi guardado na poupança para, mais tarde, servir de entrada na compra de um apartamento. Na época, Nilton pensava em seguir carreira de cantor, costumava se apresentar em festivais japoneses no interior de São Paulo, no Paraná, no Rio de Janeiro, e, ao mesmo tempo, cursava a Faculdade de Engenharia Industrial na FEI em São Bernardo do Campo. A Engenharia falou mais alto e ele se formou, exercendo a profissão de engenheiro mecânico ainda hoje. Porém, nunca deixou de cantar. É assíduo frequentador dos karaokês da Liberdade. Nilton lembra com carinho da vida de calouro:

– Tem uma coisa que não sai da minha memória. Minha mãe, Satie Konishi, já falecida, sempre me falava de Rosa Miyake. Ela também tentou ser cantora e chegou a participar de programas de calouro em emissoras de rádio, e comentava que esteve em competições junto com a Rosa. As duas não se conheciam, mas minha mãe se recorda de ouvir a jovem Miyake cantar e, geralmente, ganhar os concursos.

Joe Hirata não participou do "Uta no Champion", mas se tornou famoso no Brasil através do *Imagens do Japão*. Ele foi o primeiro estrangeiro a vencer o Nodogiman (literalmente, "Orgulho da garganta") Grand Champion Taikai, maior competição de calouros do arquipélago japonês, promovida pela NHK. Foi em 1994, quando o concurso completava 54 anos de existência. Durante o ano todo, 80 mil inscritos concorrem em eliminatórias regionais e fazem a grande final em Tóquio. Em razão do fato inédito, o *Imagens* transmitiu o Nodogiman uma semana depois, o que levou Joe Hirata a receber dezenas de convites para vir ao Brasil e participar de extensa programação de shows. Porém, o fato de ele ter se tornado celebridade também no Japão, onde morava há seis anos, fez com que demorasse ainda algum tempo para retornar à terra natal.

O cantor
Joe Hirata,
coautor da música
"Arigatô, Brasil".

Só em 1998 Joe Hirata se restabeleceu no Brasil, completando agora 20 anos de carreira de cantor e oito CDs gravados. Frequentador do Bunkyo e das demais associações orientais, recebeu a tarefa de compor a música tema das comemorações dos 110 anos da Imigração Japonesa. Com o parceiro Júlio Bogajo, surgiu a música "Arigatô, Brasil".

"Essa história começou
Há 110 anos atrás num país distante, o Japão
Um povo cheio de esperança, partindo com suas memórias
E carregando sonhos no coração

Enfrentando oceanos
Tempestades e males, no caminho da imigração
Com alegria no peito
Fé e determinação

No horizonte surgindo
O sonhado destino
Ao chegar ao porto no Brasil
As lágrimas escorreram de emoção

Dômo arigatô
Do sol nascente é esta nação
Dômo arigatô, ao meu Japão
Dômo o arigatô
A essa pátria mãe gentil
Dômo arigatô, nosso Brasil [...]"

VOZ DA COMUNIDADE

Uma das características do *Imagens do Japão* sempre foi demonstrar gratidão ao povo brasileiro pelo acolhimento dos nipônicos. O programa fez cobertura especial dos 70, 80 e 90 anos da imigração. Nos anos 1980, alugou satélite e fez a transmissão ao vivo para o Japão das comemorações em São Paulo, realizadas no estádio do Pacaembu. Rosa Miyake representava bem essa união de culturas, a ponto de ser chamada de "namoradinha oriental", uma alusão a atrizes que quando faziam muito sucesso com determinada novela eram apelidadas pela mídia do entretenimento de "namoradinha do Brasil". O jornal *O Estado de S. Paulo*, de 24 de julho de 1988, a considerou uma "mistura bem comportada e recatada de Hebe Camargo com Regina Duarte". E seguiu na comparação: "Como Hebe Camargo, ela nasceu numa cidade do interior paulista é de família humilde e começou a carreira como cantora." Entrevistada, Rosa rebateu:

– Ela (Hebe) é a musa da televisão brasileira. A mim falta muito, tenho que melhorar demais para chegar perto dela.

Houve um período em que era quase impossível para a artista frequentar a Liberdade, tamanho o assédio dos fãs. Sempre antes de viajar para o Japão, Rosa gostava de escolher lembranças com motivos brasileiros para levar e distribuir na terra distante. Eram chaveiros, canetas, camisetas, canecas e outros *souvenirs*. Um dia, Rosa pediu à irmã Tereza que a acompanhasse em uma loja da rua Galvão Bueno, famosa pela oferta de quinquilharias verde-amarela. Mesmo usando óculos escuros, de sol, Rosa foi facilmente reconhecida.

– Ela era tímida – conta a irmã Tereza –, mas sempre se mostrou respeitosa com os admiradores.

Arquivo pessoal de Rosa Miyake

A influência e a importância de Rosa para os nipo-brasileiros ultrapassavam os limites da tela de televisão. Na foto, ela se apresenta em um evento da comunidade.

De repente, a apresentadora se viu cercada de dezenas de pessoas que queriam se aproximar, pedir um autógrafo ou, simplesmente, dar um aperto de mão. Tereza tentou ajudar puxando a irmã para um canto, a fim de evitar que a multidão bloqueasse a entrada da loja. A notícia correu rápido no bairro e o aglomerado de gente só aumentava. Tereza se dirigiu ao dono da loja para se desculpar, mas ele declarou que também era fã de Rosa e que se sentia lisonjeado de tê-la em sua loja. Tereza conseguiu chamar um táxi e tirou a irmã da loja sem que ela conseguisse fazer a compra que desejava.

O *Imagens* se caracterizou pelo apartidarismo, mas sem deixar de ser político. Deu voz a parlamentares de todas as tendências, porém por ser uma produção feita por imigrantes e descendentes, procurou não se posicionar em relação ao regime militar. A exemplo das demais empresas do entretenimento daquele período, o programa era obrigado a prestar contas ao serviço de censura, que barrava as iniciativas consideradas suspeitas e prejudiciais ao governo.

A comunidade também se mostrava mais participativa nos rumos do país. E, num período em que as regras eleitorais eram restritas e vigiadas de perto por Brasília, o *Imagens do Japão* foi importante na divulgação de candidatos de origem nipônica.

Os exemplos vieram dos pioneiros nas urnas, como Yukishige Tamura, filho de imigrantes japoneses de Kochi, que vieram ao Brasil a bordo do Riyojun Maru, em 1910. Tamura nasceu em São Paulo e foi o primeiro vereador nipo-brasileiro de São Paulo (1947), o primeiro deputado estadual e também o primeiro deputado federal nikkei no mundo. No dia 13 de dezembro de 1968, o Congresso Nacional foi fechado pelo Ato Institucional número 5 (AI-5), editado pelo general Costa e Silva. Tamura, outros deputados e senadores perderam o cargo. O político seria reeleito somente no final da década de 1970, novamente como vereador de São Paulo. Nessa gestão, um de seus projetos foi a Lei Municipal que proíbe fumar em locais públicos e dentro dos transportes. Em 1980, como vereador, foi a Roma entregar o título de Cidadão Paulistano ao Papa João Paulo II. Era uma forma de lhe agradecer pela indicação para beatificação do jesuíta Anchieta.

Quem também se destacou foi Jihei Noda, imigrante nascido na província de Saga, em 1918. Desembarcou na companhia dos pais em 1925 no porto de Santos. A família seguiu para uma fazenda de café situada entre as cidades de Pacaembu e Mirandópolis, no interior do estado de São Paulo.

Naturalizou-se brasileiro em 1949 e casou-se com Elvira Sansone Noda. Ingressou no serviço público como engenheiro da prefeitura de São Paulo, onde ocupou diversos cargos, inclusive o de chefe de gabinete do secretário municipal de obras na gestão do prefeito Francisco Prestes Maia. Foi sócio-fundador e presidente honorário da Associação dos Produtores Hortifrutigranjeiros do Estado de São Paulo e da Associação Brasileira de Assistência Mútua.

Jihei Noda foi candidato a vereador da cidade de São Paulo pelo Partido Trabalhista Brasileiro (PTB) em 1959, com o apoio da Associação dos Engenheiros da Prefeitura, mas não se elegeu. Candidatou-se em mais duas ocasiões, antes de ser finalmente eleito vereador em 1968, pelo Movimento Democrático Brasileiro (MDB).

Um dos mais lembrados é João Sussumo Hirata, nascido em São Manoel (SP) em 1914. Formado em Direito pela USP, foi morar no Japão, onde trabalhou como locutor na NHK. De volta ao Brasil, elegeu-se deputado estadual e deputado federal em três mandatos consecutivos. Após a reforma eleitoral de 1965, filiou-se à Aliança Renovadora Nacional (Arena).

No plano profissional, além de trabalhar no consulado japonês, Hirata trabalhou na Câmara do Comércio Japonesa e na Cooperativa Agrícola Bandeirante. Defendeu uma série de medidas governamentais que visavam fomentar a agricultura: isenções fiscais, financiamentos, suporte técnico, distribuição de sementes, entre outras. Destacou a necessidade de o governo federal adotar medidas para facilitar o uso de tratores e adubos, que em 1959 formavam a base da modernização tecnológica pela qual a lavoura passava.

Diogo Nomura foi outro incansável defensor das tradições nipônicas no país, notadamente em São Paulo. Colaborou com dezenas de municípios, em especial Marília, para onde ajudou a levar 11 faculdades, entre elas a de Medicina. Paulistano, formou-se em Odontologia pela USP e em Direito pela Universidade de São José dos Campos. Começou a carreira em Marília, onde foi eleito duas vezes para a Câmara Municipal na década de 1950. Depois, buscou ampliar a atuação, chegando à Assembleia Legislativa de São Paulo, onde permaneceu por mais de vinte anos entre os diversos mandatos, o último mo exercido em 1994. Foi presidente da Comissão de Relações Exteriores da Câmara Federal e chefiou missões parlamentares. Nomura era um dos mais assíduos participantes do *Imagens do Japão*, assim como Paulo Kobayashi, um dos fundadores do PSDB.

Nascido em Ribeirão Pires, Paulo Seiti Kobayashi era o filho mais velho entre sete irmãos. Do interior paulista, onde ajudava os pais Shigeo e Sumyo na lavoura, veio à capital paulista para estudar, formando-se em Geografia na PUC. Em

1974, concorreu pela primeira vez, sendo eleito deputado estadual pela Arena, onde fez parte do Grupo de Vanguarda, dissidente do governo militar, liderado pelo então senador Teotônio Vilela. Teve como companheiro de chapa o então professor de História, jornalista e escritor Heródoto Barbeiro.

Em 1982, conquistou um novo mandato de deputado estadual pelo PMDB. E, anos depois, trabalhou na organização e fundação do PSDB. Teve mais dois mandatos como vereador, até alcançar a Presidência da Câmara Municipal de São Paulo, único político nikkei a ocupar tal cargo. Em 1995, assumiu como deputado estadual (PSDB) pela terceira vez. Em 1997, os colegas deputados o fizeram presidente da Assembleia Legislativa do Estado durante o governo de Mário Covas. Mais uma vez, foi o primeiro e único político nikkei a ocupar esse cargo. Foi eleito e reeleito deputado federal, exercendo o mandato até o falecimento em 2005. Hoje, esse trabalho é referência no Instituto Paulo Kobayashi, lugar que preserva a memória do "professor Koba", com projetos voltados à educação e à inclusão digital.

Os descendentes de japoneses hoje se espalham em todos os setores da sociedade e muitos, na cúpula política, ajudaram a dar rumo às diretrizes do país. O advogado Shigeaki Ueki foi presidente da Petrobras no regime militar; Juniti Saito foi o comandante da Força Aérea Brasileira de 2007 a 2015; Luiz Gushiken foi deputado federal e ministro do governo Lula; além do vereador Mário Hato; do deputado federal Yasunori Kunigo; e do deputado estadual Minoru Massuda, só para citar alguns exemplos.

Nos arquivos do *Imagens do Japão*, encontra-se uma carta que Paulo Kobayashi escreveu em homenagem ao sétimo aniversário do programa. Foi em 1977.

> Omedetô.
>
> Com esse cumprimento na língua de meus pais, eu desejo saudar toda a laboriosa colônia nipônica da qual orgulhosamente faço parte.
>
> O Brasil dá uma demonstração ímpar ao mundo. Lado a lado, europeus, asiáticos, africanos e indígenas lutam pela constituição de uma sociedade mais justa e mais humana. A luta pelo desenvolvimento da humanidade transcende o âmbito das colônias, raças, religiões ou cor. Muito mais importante do que tudo isso é constituirmos uma nação democrática, livre, multinacional e pluripartidária. Só assim teremos condições de exigirmos uma sociedade que procure o bem-estar geral.
>
> Nossas congratulações à M. Okuhara Productions Ltda., com o nosso incentivo para que *Imagens do Japão* perpetue-se como excelente programa da televisão brasileira, que não somente informa e entretém, como favorece a integração e contribui, inclusive, para a formação da própria cultura brasileira.
>
> Arigatô.

MISSES NA PASSARELA

O ano de 1977 foi especial para o *Imagens do Japão*. O programa estava no ar havia 7 anos. Considerado sagrado pelos japoneses ou número de sorte, o 7 sempre motiva uma comemoração. Naquele ano, Mario Okuhara, Osvaldo Negami e Hiromi Yfuki trabalharam no lançamento de uma revista especial, escrita, na maior parte, em japonês. Registraria toda a trajetória do principal entretenimento da comunidade nipo-brasileira, reuniria depoimentos de personalidades, inclusive do presidente da República na época, o general Ernesto Geisel. Um dos destaques foi o itinerário da Miss Nissei 1977, Lúcia Mina Yadoya, vencedora do concurso que agitava os finais de semana na Liberdade, trazendo dezenas de beldades para os palcos. A exemplo do que ocorria no concurso de calouros, o Miss Nissei também era generoso em prêmios. A vencedora levava um carro novo e ganhava uma viagem ao Japão com direito à comitiva e encontros com profissionais da moda, do entretenimento, além de participar de atos oficiais com empresários e políticos. Naquele ano, a miss Lúcia Mina recebeu um carro modelo Brasília (Volks) e viajou com o *staff* da Mario Okuhara Productions para cumprir um extenso roteiro na Terra do Sol Nascente.

Ficou hospedada no luxuoso The New Otani Hotel, em Tóquio, que, aliás, servia como base para Rosa e Mario cerca de três meses ao ano. Era onde o casal se estabelecia para fechar os negócios de compra de programas e cuidar das gravações sempre que viajavam à capital japonesa. As misses costumavam ser de cidades do interior paulista ou do Paraná. De repente, se viam na terra dos antepassados, em locais dos mais requintados, visitando empresas e emissoras, como NHK e TV Asahi, além de ter um encontro como parte da agenda do primeiro-ministro japonês.

Uma das eleições da Miss Nissei.

Era muita história para contar e tudo devidamente registrado para ser exibido no *Imagens do Japão*. Nem mesmo o Miss Brasil tinha um roteiro tão bem elaborado quanto o do Miss Nissei, que sabia trabalhar a glamorização das concorrentes. No décimo ano de concurso, em 1983, o *Imagens do Japão* introduziu mais uma novidade. Resolveu fazer duas competições paralelas: o Miss Nissei, com as nipodescendentes sem mistura; e o Miss Nipo-Brasileira, com as mestiças. Foi um grande acontecimento. Animou ainda mais o público, que há muito pedia uma chance para as filhas dessa união entre ocidente e oriente. As vencedoras não tinham do que reclamar. Reportagem do jornal *São Paulo Shimbun* exaltou o dia a dia das misses ganhadoras e, em 29 de agosto de 1983, trouxe o seguinte relato:

> Estadia de um mês em Tóquio e Osaka, em dois dos melhores hotéis – no New Otani e Ishikiri Seiryu – e contatos com muitas personalidades japonesas. Esse será o roteiro de duas misses japonesas, vencedoras do Décimo Concurso Miss Nissei e do Primeiro Concurso Miss Nipo-Brasileira, realizados pelo programa *Imagens do Japão*, no último dia 13 de junho (1983), oferecido pela Varig. Elas são Márcia Izumi Shirassu, 21 anos; e Solange Tieko Shiozuka, 22, mestiça de espanhóis e japoneses, eleita miss nipo-brasileira.
>
> Em Tóquio, onde conhecerão todos os atrativos culturais da cidade, serão também o foco das câmeras fotográficas em entrevistas à TV e jornais japoneses. Depois serão recepcionadas pelas autoridades e incluem na maratona de visitas, uma visita à sucursal do *São Paulo Shimbun*. Solange e Márcia vão conhecer Guinza, Shinjuku, Nara, Kioto e Kobe e suas vielas e templos. Osaka será também um ponto de referência especial para as duas brasileiras. É que ela é a cidade-irmã de São Paulo, motivo pelo qual Márcia e Solange estão levando mensagem do prefeito de São Paulo, Jânio Quadros, do governador, Orestes Quércia, e do presidente da Assembleia Legislativa de São Paulo, Luiz Benedito Máximo. [...]

Em 1988, foi a vez de a jovem Estela Tateno subir ao palco para conquistar o título do concurso. Ela concorreu na categoria nipo-brasileira quando estava prestes a completar 19 anos. Naquela competição, o programa usou o palco da Sociedade Brasileira de Cultura Japonesa e de Assistência Social, o Bunkyo, na rua São Joaquim. Ela conta que desde quando era pequena assistia ao *Imagens do Japão* ao lado dos pais e dos avós, estes nascidos em Fukuoka, cidade costeira de Kiyushu, ilha ao sul do arquipélago japonês. Os avós diziam que gostariam de vê-la no desfile quando completasse os 18 anos. E foi o que aconteceu. Na final do concurso, Estela se surpreendeu com a aparição de fãs segurando faixas com o nome dela. Houve até caravana do interior paulista para apoiá-la no desfile decisivo. As misses usavam maiôs e a apresentadora Rosa Miyake animava o público com seu jeito alegre e com palavras de incentivo aos presentes e às concorrentes.

– A Rosa nos deixava à vontade. Sempre simpática – lembra a miss 1988. – Ela fazia uma rápida entrevista com as finalistas e a gente se divertia muito.

Vieram os números musicais e, na sequência, a abertura dos envelopes com o resultado definido pelos jurados: Lilian Yumi Shizukuishi, miss nissei, e Estela Tateno, miss nipo-brasileira. Como prêmio, produtos entregues pelos patrocinadores e a tradicional viagem ao Japão com hospedagem no luxuoso New Otani, em Tóquio. E lá foi a filha de pai nissei e mãe alemã.

– Quando o avião estava pousando em Tóquio fiquei muito emocionada. Voltar ao país dos meus antepassados, algo que aconteceu de um sonho de criança. Foi difícil segurar as lágrimas.

O passeio pela capital japonesa, além de Osaka e Kyoto, durou três semanas. Em Kyoto, Estela chegou a receber a chave da cidade das mãos do prefeito. Quando retornou ao Brasil, retomou os estudos para se formar dentista na UniCastelo em Itaquera, na zona Leste de São Paulo. Uma prova de que o *Imagens do Japão* ultrapassara o pú-

Mario Okuhara, Rosa e as candidatas
do concurso Miss Nissei de 1973.

blico da comunidade nipônica ela teve ao entrar certa vez na sala de aula. Foi abordada por um grupo de rapazes que perguntaram se ela era mesmo a miss que eles viram no programa. Ao confirmar, virou uma espécie de aluna-celebridade.

O concurso disputado por Estela coincidiu com a vinda ao Brasil do jovem cantor japonês Kondo Masahiko, conhecido por Matchy e considerado na época o Michael Jackson do Japão, em razão do enorme sucesso e dos milhões de discos vendidos. Matchy, de 23 anos, fez dois shows no Palácio do Anhembi, em junho de 1988, mas antes foi apresentado pelo *Imagens do Japão* em plena Praça da Liberdade, aos milhares de fãs, que se espremeram para ver o ídolo por alguns minutos apenas. Ele alegou cansaço da viagem e se retirou o mais rápido possível. Na recepção a Kondo havia passistas da Escola de Samba Barroca Zona Sul, além das misses campeãs Lilian e Estela. O Caderno 2 do *Estadão* estampou em 24 de junho de 1988: "Chegou Kondo, o delírio japonês".

Notícias como essa e aquele clima de conto de fadas atraíram a jovem de Jundiaí (SP) Luciana Asakawa, uma sansei (terceira geração) e filha de militar do Exército. Ela participou do concurso em 1990 e tinha uma certa experiência de palco em razão de trabalhos que fazia como manequim e modelo.

– Foi meu namorado na época quem tomou a iniciativa de me inscrever – lembra.

Luciana conquistou o terceiro lugar, mas não teve tempo de aproveitar os momentos de fama acalentados pela competição. Meses depois, se casou e foi trabalhar no Japão. Ficou lá até 2008, tendo exercido várias atividades como funcionária de fábrica de carros, de esquadria de alumínios e em loja de máquinas eletrônicas, as chamadas pachinko.

O concurso que Luciana participou foi o primeiro que uniu as nipodescendentes com as nipo-brasileiras, mestiças, em um único evento. Houve protestos, as nisseis se sentiram injustiçadas, uma vez que o biótipo das mestiças era mais avantajado, o que costumava agradar o público. Porém, o *Imagens do Japão* não tinha mais condições de fazer dois concursos separados, e, além disso, o número de mestiças se inscrevendo era cada vez maior.

– As moças que ficaram em primeiro e segundo lugares eram mestiças. Conseguir o terceiro lugar, sendo nipodescendente, foi uma surpresa – conta Luciana, admitindo que as mestiças passaram a dominar o concurso.

DIA DO ANCIÃO

As atrações para jovens e crianças no *Imagens do Japão* dominavam os índices de audiência, mas isso não impedia o programa de abrir espaço para os mais velhos, em respeito a uma tradição japonesa de dar valor à experiência de vida. É um gesto de sabedoria e de respeito. Os avós (oditchan e obatchan) são sempre os membros da família mais cultuados, um exemplo a ser ouvido e seguido. O "Dia do Ancião", quadro do *Imagens*, prestou homenagem aos primeiros imigrantes, que já revelavam a aparência dos cansados de guerra. Era o momento em que se ouviam corais de adultos com músicas folclóricas e entrevistas com personagens cheios de narrativas emocionantes. Uma entrevista que marcou época teve como protagonista Margarida Vatanabe, uma imigrante japonesa hoje considerada santa pela comunidade. Considerada santa, literalmente. Por iniciativa de dona Alice Hatanaka da Seibo Fujinkai (Associação das Senhoras Católicas Nipo-Brasileiras da Igreja São Gonçalo) e de Mario Jun Okuhara (filho de Rosa e Mario Okuhara), do Projeto Abrangências, foi montado um processo de beatificação de dona Margarida, que está na fase "venerável", quando se colhem depoimentos sobre os atos da religiosa. Dona Margarida faleceu em mar-

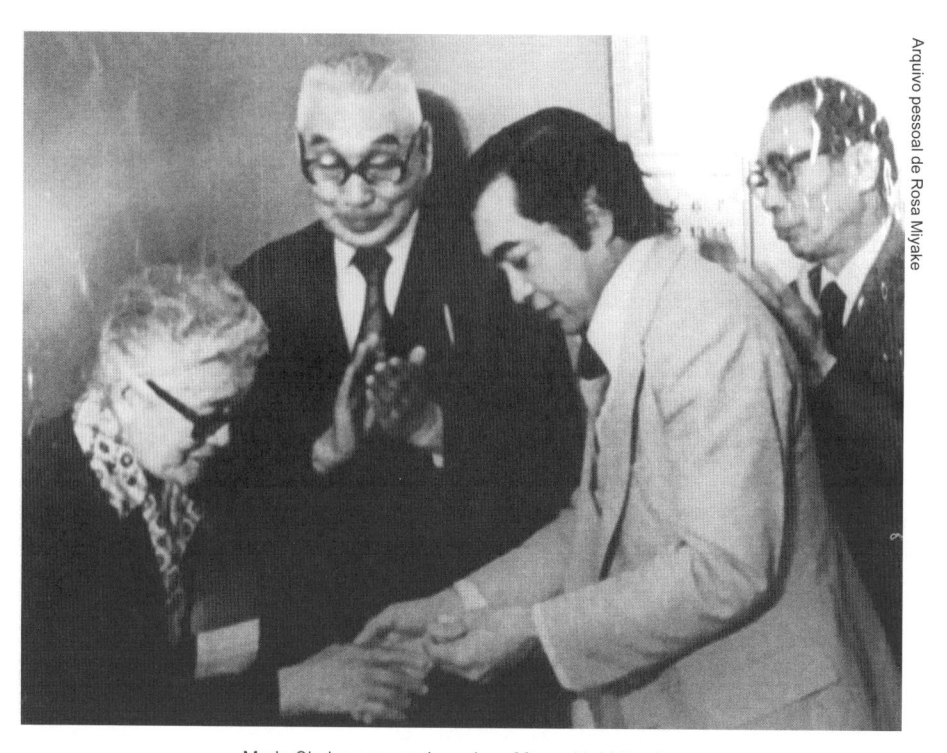

Mario Okuhara recepciona dona Margarida Vatanabe
quando participou do programa *Imagens do Japão.*

ço de 1996. Dez anos antes, esteve no *Imagens do Japão* e foi aplaudida de pé ao entrar no Teatro Bandeirantes, na subida da avenida Brigadeiro Luís Antônio. Rosa Miyake demonstrou nervosismo na voz diante de uma pessoa que transmitia um carisma acima do normal. Muito simples, aquela senhora franzina foi gigante na caridade. Cuidou dos imigrantes desempregados, desorientados, doentes, abandonados, através de três associações erguidas com esforço próprio e ajuda de empresas privadas. Foram 53 anos à frente dessas instituições, a Comissão Católica Japonesa, Assistência Social Dom José Gaspar e Jardim de Repouso São Francisco. Por esse motivo, a santidade. Um dos trabalhos mais destacados de dona Margarida ocorreu quando da chamada evacuação compulsória de fevereiro de 1942, consequência do rompimento das relações diplomáticas entre o Brasil e os países do Eixo: Japão, Alemanha e Itália. As famílias japonesas foram retiradas da região do bairro da Liberdade e transferidas para a Hospedaria dos Imigrantes ou cidades do interior. O mesmo ocorreu com moradores do litoral e das margens da represa de Guarapiranga. Todos eram vistos como inimigos e precisavam ser vigiados. Dona Margarida comandou uma legião de voluntários para acolher milhares de famílias, que passavam pela triagem na hospedaria do bairro do Brás, antes de serem embarcadas em trens para as fazendas de café. A maioria chegava com a roupa de corpo, chinelos de borracha ou descalços. Com a ajuda de empresários e comerciantes, comprava frutas no Mercado Municipal e pães, e fazia uma espécie de cesta básica, para que homens, mulheres e crianças tivessem o que comer antes de chegar ao destino forçado.

– Como a senhora explica ter tanta força, tanta disposição para atender a milhares de imigrantes durante esses anos? – perguntou Rosa, após acomodar a sra. Vatanabe no cenário que imitava uma sala de estar.

– Eu não fiz nada – respondeu modestamente. Eu apenas oriento, e sempre contei com inúmeros voluntários, doadores, pessoas que se sensibilizam com momentos difíceis enfrentados por nikkeis e seus descendentes.

O certo é que, graças às entidades sob orientação de dona Margarida, muitos japoneses e descendentes puderam tomar um rumo na vida. Ela saiu da região de Kagoshima, no Japão, aos 11 anos de idade, para trabalhar e enviar dinheiro à família, que tivera uma companhia de pesca e estava falida. Órfã de mãe, veio para ficar com tios que desembarcaram no porto de Santos em 1908, depois de uma demorada viagem a bordo do Kasato Maru, o navio pioneiro do acordo de migração Brasil-Japão. Dona Margarida, cujo nome verdadeiro era Tomi, veio na terceira leva. Os tios a colocaram para trabalhar como empregada doméstica. Ela foi acolhida na casa do médico Celestino Burroull, onde foi bem cuidada, pôde se desenvolver nos estudos, passando a integrar a vida paulistana. Casou-se e teve três filhos. Ao falecer, aos 95 anos, ainda atuava no Jardim de Repouso São Francisco, em Guarulhos.

– A lembrança de dona Margarida é muito forte – comenta Rosa. – A gente sente que transformá-la em santa é encarado como uma obrigação pela comunidade nipo-brasileira. Ela foi uma fervorosa divulgadora da fé católica e hoje, a cada comemoração do aniversário de seu nascimento ou morte, há missas na Liberdade em homenagem a ela.

O FENÔMENO
DECASSÉGUI

Os anos 1980 revelavam um país que deixara para trás 24 anos de regime militar, censura, perseguição a opositores e morte de presos políticos. Os ecos desse período sombrio nunca pararam de reverberar. Vieram os presidentes civis José Sarney, Fernando Collor, Itamar Franco, Fernando Henrique Cardoso, Luiz Inácio Lula da Silva e Dilma Rousseff. O Brasil também ganhou uma nova constituição, a chamada Constituição Cidadã, de 1988, que trouxe em seu artigo 5º o texto base de uma democracia: "Todos são iguais perante a lei, sem distinção de qualquer natureza, garantindo-se aos brasileiros e aos estrangeiros residentes no País a inviolabilidade do direito à vida, à liberdade, à igualdade, à segurança e à propriedade." E acrescentou: "É livre a expressão da atividade intelectual, artística, científica e de comunicação, independentemente de censura ou licença."

Sem dúvida, os ventos passaram a soprar em favor dos cidadãos, mas antigos vícios se mantiveram, como a corrupção e uma legislação não tão igual para todos. A Constituição criou o foro por prerrogativa de função, o chamado foro privilegiado, que ao longo dos anos foi perdendo a abrangência em decisões judiciais. Os três poderes aprovaram benefícios, que entraram para o patrimônio de políticos e magistrados, como o famigerado auxílio-moradia, mesmo para quem tem casa própria. Uma sequência de planos econômicos tentou combater o principal inimigo nos anos 1980, a inflação. Em 1985, na Nova República, do governo Sarney, a taxa atingira 235% ao ano. Quando Collor assumiu em 1990, alcançava 84% ao mês. Uma situação insustentável para todos, trabalhadores e empresas. Para quem dependia de patrocínio, como o *Imagens do Japão*, foi um período difícil. Com a inflação elevada, a moeda vai perdendo seu valor com o passar do tempo e os consumidores, caso não tenham reajustes salariais, não conseguem comprar os mesmos produtos com o mesmo valor usado anteriormente.

A década de 1980 foi marcante também em outros aspectos: os descendentes dos primeiros imigrantes começavam a fazer a viagem de volta para trabalhar em fábricas japonesas, que, em plena expansão, precisavam de mão de obra não só dos brasileiros, mas também de outros países. As portas estavam abertas. As tarefas no chão de fábrica japonês eram pesadas, incessantes, sujas às vezes, mas os pagamentos eram em dólar, muito acima dos salários pagos no Brasil, o que compensava todo o transtorno de se afastar da família ou de se transferir com todos os parentes para o Sol Nascente e reiniciar uma nova vida, inclusive passando a educar os filhos em outro idioma. Eram os chamados decasséguis.

O termo *decasségui* é a junção de duas palavras, *deru* (sair) e *kassegu* (trabalhar para ganhar a vida), e designa todas as pessoas que vão em busca de emprego em outro país. Um levantamento da Associação Brasileira de Dekasseguis aponta três fases na migração: a fase pioneira em meados da década de 1980; a massificação, no final dos anos 1980 e início dos 1990; e a consolidação, a partir de meados da década de 1990, quando a ida de brasileiros ao Japão ficou estável. No apogeu da atividade decasségui, a imprensa sempre fazia referência ao *Imagens do Japão* e à Rosa Miyake, justamente porque o programa costumava falar do assunto com frequência. Era importante para os familiares desses trabalhadores que ficaram no Brasil ter informações sobre o andamento da economia japonesa e os rumos da política migratória.

O Brasil sempre esteve entre os países com maior contingente de trabalhadores no Japão, ficando abaixo apenas da China e da Coreia do Sul. Estima-se que na década de 1980 quase trezentos mil descendentes estavam atuando na indústria nipônica, com salários considerados nas alturas, permitindo que enviassem ao Brasil cerca de US$ 5 bilhões anuais – o valor exato nunca foi contabilizado em razão dos diversos meios de transferência de dinheiro, alguns de forma ilegal, com as cédulas escondidas nas roupas e dentro das bagagens de mão.

Os levantamentos ganharam mais precisão a partir dos anos 1990, com os números sendo confrontados entre as autoridades brasileiras e japonesas. De acordo com o Ministério da Justiça do Japão, o número de imigrantes brasileiros em 1994 era de 159 mil, bem abaixo dos registros dos anos 1980. Mas voltou a crescer. Em 1996, era de 201 mil, alcançando um total de 222 mil dois anos depois.

Em 2000, aproximadamente 265 mil brasileiros viviam no Japão, remetendo anualmente de US$ 1,5 a US$ 2 bilhões aos familiares no Brasil. As remessas *per capita* dos brasileiros eram bem superiores às de outros grupos estrangeiros, cerca de US$ 600 por mês, contra US$ 350 dos demais, o que demonstrava a determinação dos decasséguis em objetivar o trabalho. Os relatos da época indicavam a insistência dos brasileiros em fazer horas extras. Chegavam a permanecer 14 horas diárias dentro da fábrica e brigavam para ser incluídos na lista de entrada aos sábados. Muitos não aguentavam e caíam doentes, problema que fez com que as indústrias fossem obrigadas a discutir a ampliação de planos de saúde aos funcionários.

Em 2003, o jornal *O Estado de S. Paulo* abordou a situação dos decasséguis em uma série especial de reportagens sobre os 95 anos da imigração japonesa ao Brasil:

> Hoje, os chamados decasséguis somam uma população de 270 mil pessoas, ganhando a vida em cidades industriais e no comércio, na esperança de voltar ao Brasil. Tanto que mandam anualmente cerca de US$ 2,5 bilhões ao País, dinheiro que abastece sonhos como a casa própria ou o negócio próprio. Tanto recurso de volume acabou motivando o Banco do Brasil a estar presente nas principais cidades onde residem os brasileiros.
>
> Só pelos caixas do Banco do Brasil passaram no ano passado (2002) mais de US$ 1 bilhão em direção ao País, o que justifica, segundo a direção do banco, a abertura de agências em Tóquio, Gunma, Hamamatsu, Nagoya, Gifu, Nagano e Ibarake, cidades com forte presença de brasileiros.

A mesma edição do *Estadão*, de 2 de junho de 2003, destacou a publicidade de produtos japoneses e estampou uma foto de Rosa Miyake para lembrar o *jingle* "Urashima Taro", gravado por ela para a Varig. O compositor Archimedes Messina foi entrevistado e atribuiu a popularidade da canção à gravação feita pela apresentadora do *Imagens do Japão*. Em outro trecho, a reportagem indicava a força que a qualidade dos produtos japoneses tinha junto aos consumidores: "A publicidade brasileira também buscou em valores atribuídos a japoneses uma forma de dar conteúdo a produtos não apenas de origem nipônica, mas a todos aqueles que precisavam significar tecnologia. Nessa busca, algumas empresas genuinamente brasileiras buscaram até parcerias com japonesas. Um exemplo é o do *slogan* da Semp-Toshiba: 'Nossos japoneses são melhores do que os japoneses dos outros'."

REPÓRTERES
EM CAMPO

Com as dificuldades para manter o ritmo de participantes no programa, o *Imagens do Japão* foi criando novos quadros, como o de calouros infantis, nos quais as crianças cantavam, dançavam, declamavam e participavam de desafios culturais. Outra seção do programa foi o "Imagens do Japão Agrícola", para mostrar a enorme contribuição nipônica no agronegócio, com destaque para o cinturão verde de São Paulo, formado por municípios da região metropolitana encabeçados por Mogi das Cruzes e responsáveis pela produção de hortifrutigranjeiros. Quem cuidou da seção foi o jornalista Osmar Maeda, transformado em repórter numa situação semelhante à de Rosa Miyake, que se tornou apresentadora a partir do atraso de Reimi Honda.

Osmar Maeda trabalhava na transmissão dos jogos de beisebol no Estádio Mie Nishi, no Bom Retiro, e atuou como um dos organizadores do jogo amistoso entre as seleções do Brasil e do Japão em 1978, nas comemorações dos 70 anos da Imigração Japonesa. O repórter de campo Willian Kimura, um profundo conhecedor de esportes em geral, havia sofrido um acidente doméstico e ficaria uns dias afastado. A notícia inesperada pegou todos de surpresa. Escaldado por situações semelhantes, o diretor Mario Okuhara não teve dúvidas em lançar o esforçado Maeda como substituto num momento de emergência. Alegre e descontraído, Maeda segurou o microfone e foi para o jogo, no jargão usado pelos que se envolvem em uma partida. Antes, porém, conversou com seu amigo maestro Shioda, do programa de calouros "Uta no Champion", e explicou que, embora fosse sansei, com os avós nascidos em Kumamoto, tinha só conhecimento superficial do idioma dos ancestrais. Precisava de pelo menos três perguntas em japonês para ter uma entrevista decente com o técnico da equipe brasileira, o sr. Yamada, que era issei e não falava quase nada em português. Com uma folha de papel nas mãos e as perguntas escritas, lá foi o jovem repórter:

– *Yamada-san, Burajiruchimu no junbi wa dôdesu ka*? (Como está a preparação da seleção brasileira?)

– *Shori no chansu wa nanidesu ka*? (Quais são as chances de vitória?)

– *Nihon chimu ni tsuite doomoimasu ka*? (Como se sente enfrentando a seleção japonesa?)

A sequência de perguntas e respostas foi encerrada com um sonoro *arigatô*, para não dar margem a qualquer trapalhada. Além de ser o titular da seção agrícola, Osmar Maeda fez coberturas de reportagens de impacto e entrevistas com autoridades e celebridades da época.

– O salário não era lá essas coisas – brinca o espirituoso jornalista. – Mas o fato de ser repórter do *Imagens do Japão* me dava muito prestígio. Os comerciantes da Liberdade me conheciam, os gerentes de bancos, de hotéis, todos me paravam para conversar. Sou muito grato ao sr. Mario Okuhara, que me ajudava o tempo todo. Com ele, aprendi a me virar.

Nas pautas do cinturão verde, mostrou as primeiras plantações do tomate-cereja em Ibiúna; a expansão da alcachofra em Piedade; a cultura em estufa com técnicas trazidas do Japão. Houve inclusive um caso que repercutiu nos Estados Unidos, depois que produtores de lá viram uma reportagem de Maeda sobre o pepino japonês. Foram mostradas caixas e caixas do legume em um ano de colheita farta, o que chamou a atenção da TV Nikkey americana, responsável por reproduzir o trabalho de Maeda. Uma delegação de produtores rurais acabou fazendo contato com o *Imagens do Japão*, vindo ao Brasil para conhecer a terra onde os minipepinos brotavam sem parar.

– Eu era estudante de Jornalismo e o sr. Okuhara me contratou com carteira assinada. Isso abriu as portas para que eu me posicionasse no mercado de trabalho. Tive a oportunidade de entrevistar deputados, prefeito, governador e ministros em datas comemorativas.

Foi Osmar Maeda, em suas reportagens, que praticamente apresentou ao Brasil a Associação de Confraternização dos Lojistas da Liberdade, que teve como primeiro presidente Tsuyoshi Mizumoto, responsável pela transformação da área em um bairro com características orientais. Maeda também cuidou de entrevistas junto aos primeiros imigrantes, passageiros do Kasato Maru (1908). Lembra da longa conversa entre Rosa Miyake e Yamato Kinjo, pai do jornalista Celso Kinjo, um dos coordenadores da programação do centenário da Imigração Japonesa, em 2008. Em memória do imigrante pioneiro, o Mercado Municipal de São Paulo tem o nome de Yamato Kinjo. Maeda se encarregou de fazer uma pesquisa sobre a história do sr. Yamato para municiar a apresentadora na entrevista transmitida pela TV Gazeta.

– A Rosa Miyake conseguia colocar emoção nas palavras e despertava confiança, fazendo com que o entrevistado abrisse o coração.

Maeda enviou uma fita com os trabalhos que fez no *Imagens do Japão* à Rede Globo, que também investia no homem do campo no programa *Globo Rural*. Na mesma época, ele se casou e, não muito tempo depois, considerou que precisaria de um emprego mais estável para poder se dedicar à esposa grávida. Entrou para a Assessoria de Comunicação e Imprensa do Metrô paulista. Com apenas dez dias no novo emprego, o filho nasceu, e mesmo sendo um novato, recebeu o apoio da empresa e dos colegas para cuidar da família. Todos os benefícios lhe foram repassados. Durante os primeiros dias de vida do pequeno Diego, Maeda recebeu

O repórter Osmar Maeda, que fez parte do time do *Imagens do Japão*.

um telegrama da Rede Globo pedindo para que ele se apresentasse à direção do *Globo Rural*. Era um sonho que se realizaria. Porém, por gratidão aos amigos e à empresa, decidiu ficar no novo emprego, onde está até hoje. Nas comemorações dos 110 anos da Imigração Japonesa (2018), Maeda cuidou da exposição de origamis na estação São Bento do metrô.

– Estou sempre na Liberdade. Frequento os cafés e karaokês e encontro com amigos que fiz no *Imagens do Japão*: os cantores Sérgio Tanigawa e Kazokumi Miyake, ganhadores do "Uta no Champion". As conversas acabam nos remetendo às boas lembranças do programa, ao sr. Okuhara e à Rosa.

DONA TIE

O perfeccionismo e a delicadeza acompanharam Rosa Miyake em todas as atividades profissionais e também se revelavam nos momentos de lazer. Ao incentivar o marido, Mario, a praticar exercícios físicos, se encantou com o golfe e passou a fazer aulas no PL Golf Clube no Arujá, cidade próxima a Mogi das Cruzes. Ela queria que o marido praticasse caminhadas, e o golfe é a atividade ideal para isso. Ao revelar talento para o esporte, Rosa ouviu muitos elogios. Ela fez várias aulas com um técnico pessoal antes de fazer o teste que permite entrar em campo. É um processo demorado, uma vez que há muitos acidentes com bolas e tacos feitos de ferro, madeiras e outros materiais, como o carbono.

– Fiquei sabendo de um *caddle* (jovem que carrega os equipamentos para o jogador), atingido por uma bola, que precisou ser hospitalizado – lembra Rosa sobre um fato ocorrido quando ela ainda treinava fora do *green*, como é chamado o campo de golfe.

As pessoas diziam: "você nasceu pra isso". Concentração e mobilidade, com gestos que, em certos momentos, lembram o contorcionismo do balé e, em outros, uma sessão de *tai chi chuan*, partiam daquele corpo esbelto com graça e requinte. No começo, ela não acreditou que poderia ir adiante, entrar para o *ranking* estadual, nacional e chamar tanta atenção. Parecia que era mais uma celebridade propagandeando os campos, alguém no lugar certo para que organizadores e empresários pudessem usar para chamar a atenção e promover o esporte. Rosa não se importou em servir indiretamente de garota-propaganda. Queria se divertir e descansar a mente, e isso ela sempre alcançava nas caminhadas até a última etapa.

– Se eu soubesse que era tão bom, teria começado a praticar mais cedo – afirma com segurança.

Na vida de golfista, ainda em andamento, foram dezenas de prêmios e competições oficiais, com escolhas acertadas de tacos, batidas e um alto poder de concentração. Fala consigo mesma, se corrige; olha atentamente para as condições do clima, que tanto afetam essa prática ao ar livre.

Foi num dia de competição que Rosa, em seu momento de abstração, teve uma experiência que passou a incomodá-la e segue viva na memória. Ela fora convocada a participar do torneio no São Paulo Golf Clube, em Arujá, no interior de São Paulo, mas queria desistir para acompanhar a mãe, internada no hospital em razão de uma pneumonia. Era um jogo do campeonato estadual de 1997 e as irmãs a incentivaram a ir em frente. Sua mãe estava bem amparada, com a companhia das filhas e netos, que se revezavam para estar ao lado da "*batchan*". Rosa ligou para a organização e anunciou que desistiria da competição. Mais uma vez, os familiares a fizeram mudar de ideia. Carregou consigo um dos primeiros aparelhos celulares lançados no mercado, e durante o torneio pediu ao *caddle* que levasse o telefone junto para que pudesse ser encontrada, caso necessitassem de sua ajuda.

Rosa fazia parte da equipe paulista e, ao entrar no *green*, observou o céu sem nuvens e o vento moderado. O público comparecera em grande número. Um campo de 18 buracos presenciaria uma batalha de cerca de 4 horas, o que costuma ser comum em disputas entre competidores de técnica apurada. Como determinava a regra, cada competidor marcaria os pontos dos adversários e, no final, seria feita a conferência do placar. Foi um dia de acertos para Rosa em todos os sentidos, tacos, batidas, força, movimentos. Tudo perfeito. Quando se encaminhava para o quarto buraco, teve a impressão de que alguém caminhava à sua esquerda, alguém que parecia usar um perfume delicado. Virou-se para o *caddle*, à sua direita, e perguntou se alguém havia ligado. Resposta negativa.

Continuou caminhando e aquela sensação de estar sendo acompanhada a afligia. Parou um instante e pensou. "É você mãe, é você que está aqui?". Olhou ao redor e voltou a caminhar com o pisar firme.

Tão logo terminou a competição, Rosa correu para o hospital onde passaria horas ao lado da mãe, que não resistiu a uma pneumonia. O desfecho se deu no dia 26 de novembro de 1998, 70 anos após o desembarque de dona Tie no porto de Santos, depois de quase dois meses de viagem a bordo do Hakata Maru. Ao longo dos 95 anos, a imigrante que nunca abandonou o soroban para fazer os cálculos deixou um diário onde registrava a sua experiência de vida. Em um dos trechos, lidos em uma gravação, ela admitia ter se realizado no Brasil de forma até inesperada para uma mulher que ficou viúva tão cedo:

> Hoje, subindo a última ladeira desta vida (tinha 92 anos na época), penso o quanto sofri, quantos sacrifícios fiz, quantos momentos de dificuldade tive que passar.
>
> Mas foi neste Brasil que fiquei com a minha família e depois do Tameo (o primogênito nascido no Japão), outros filhos nasceram. Trabalhei muito, fiquei viúva muito cedo e só pensei em trabalhar e sobreviver. Não aprendi a falar o português até agora, mas mesmo assim, os brasileiros me tratam bem. Apesar da guerra e de tudo o que aconteceu...
>
> Vou para a Associação Vila Maria e todos me tratam muito bem, jogamos o "kaminari asobi" (um jogo que testa a agilidade), vamos ao onsen (termas), fazemos piquenique... é muito alegre. Me tratam muito bem. Meus filhos também me tratam muito bem e sou muito feliz. Realmente sou muito feliz.

Pude voltar ao Japão algumas vezes e visitar a minha terra Okayama. Ah! Foi muito bom. Fui com Yoshiko (Rosa) e Mario-san (Mario Okuhara). Também fui com Jun-chan (o neto Mario Jun Okuhara) em 1980. Jun-chan não comia nada, não estava acostumado com o tempero de lá, voltou magro. Agora não, agora come de tudo e se tornou um rapaz firme, bem japonês.

Ah! Batchan (avó) é muito feliz mesmo. Sempre estive junto com a Yoshiko (Rosa) pra lá e pra cá, e hoje, Jun-chan me leva para passear, para o undoukai (gincana esportiva), para ir aos restaurantes. Realmente, sou muito feliz.

Acho que para aprender o nihongo (idioma japonês), isso deva acontecer quando criança, depois é mais difícil. Penso que os brasileiros e os japoneses devem estar cada vez mais unidos pela sociedade.

No velório, Rosa se aproximou do caixão e colou o rosto bem perto do ouvido da mãe. De forma sussurrada, cantou a música que dona Tie ensinou aos filhos quando eles ainda eram crianças. Era a música de que ela mais gostava: "Dareka kokyo wo omowazaru" (Não há quem não pense em sua terra natal):

"O sol está se pondo no campo coberto de flores.
Todos juntos, ombro a ombro,
Entoando uma canção no caminho de volta,
Aquele, este amigo de infância.
Ah alguém pensa em sua saudosa terra natal!

Numa noite, a irmã mais velha se casa
Melancólica nas margens do riacho,
Saudosa das lágrimas que caíram.
Aquela montanha, este rio, amigos de infância.
Ah alguém pensa em sua saudosa terra natal!"

SAINDO DE CENA

A morte da mãe se transformou em um desafio enorme para Rosa Miyake. Veio o medo do futuro sem aquela que foi a sua companheira inseparável desde o início da carreira artística. Rosa se perguntava como seguir adiante sem poder encontrar o rosto da mulher que costumava sentar-se na primeira fila da plateia para acompanhar a filha no palco nos fins de semana. Era um ponto de referência. Os olhares se encontravam sempre que necessário em busca de conforto e segurança.

A perda, o luto, pode se transformar em algo limitador, mas é preciso superá-lo e transformá-lo em boa lembrança. O programa *Imagens do Japão* estava no ar há mais de três décadas e Rosa começava a demonstrar certo cansaço da vida artística. Naquele momento, entrou em ação de forma mais efetiva Mario Jun Okuhara. Em japonês, "Jun" tem o significado de filho. Jun Okuhara havia assumido a produção do programa para dar apoio aos pais, uma tentativa de evitar que Rosa se entregasse ao desânimo e se mantivesse firme à frente do projeto, que enfrentava a concorrência das TVs a cabo e por assinatura e precisava se atualizar. Mario Jun Okuhara conhecia todos os bastidores da TV. Foi um garoto bem-comportado quando acompanhava os pais às viagens ao Japão, onde a família chegava a ficar três meses

Mario Jun Okuhara.
O filho de Rosa Miyake
e Mario Okuhara cresceu
observando dos bastidores
da TV os pais em ação.
Ele assumiria o comando
do *Imagens do Japão*,
dando-lhe fôlego.

por ano. Quando menino carregava algum brinquedo e, enquanto o pai nego-
ciava contratos ou comprava uma nova novela, ele se entretinha num canto com
seus robôs e carrinhos. Na adolescência, se tornou um observador e passou a dar
palpites nas negociações. Assumiu as edições em videoteipe das reportagens e
começou a escrever os roteiros em substituição a Osvaldo Negami, que, depois
de duas décadas cuidando do *Imagens do Japão*, saíra para se dedicar ao passa-
tempo que se tornara profissão: paisagismo. Hoje, Negami é responsável pelos
jardins de uma cadeia de hotéis.

113

Jun tratou de gerenciar melhor o orçamento. A família possuía um imóvel na avenida Liberdade, que foi transformado em estúdio, um local amplo, onde passariam a ser feitas as gravações. O aluguel dos estúdios das TVs era proibitivo. O *Imagens do Japão* ainda teria que alugar os horários em emissoras para ser transmitido. Havia outra questão complicada, que passou a rarear as participações no programa: os descendentes mais jovens praticamente desapareceram, estavam em grande número no Japão, atuando como decasséguis. Aconteceu com os calouros dos quadros musicais e também com as misses. De repente, foi preciso ir às ruas, como caça-talentos, para convidar as pessoas a se inscreverem. Por esse motivo, os concursos Miss Nissei e Miss Nipo-Brasileira se tornaram um só.

As emissoras a cabo revolucionaram as transmissões e tiraram um trunfo do *Imagens do Japão*, a NHK. A TV japonesa entrava no sinal da DirecTV e não fazia mais sentido repetir a mesma programação, como as novelas ou o próprio Kouhaku Utagassen, o festival da canção. Era preciso criar novos quadros para substituir as perdas. Vieram, então, os documentários, que se tornaram uma verdadeira escola para Jun Okuhara. As instituições de caridade de dona Margarida Vatanabe; o shamisen, instrumento tradicional japonês de 3 cordas, foram alguns dos temas que ocupavam 45 minutos dentro do *Imagens*. Um desses documentários foi além e chegou às telas de cinemas e também se tornou tema de debate na comunidade japonesa, indo parar inclusive na Comissão Estadual da Verdade, na Assembleia Legislativa de São Paulo: *Yami no ichinichi: o crime que abalou a colônia japonesa no Brasil*. Trata-se da saga de Tokuichi Hidaka, que, em 1946, aos 19 anos de idade, foi um dos autores do assassinato do coronel Jinsaku Wakiyama, em crime atribuído a uma entidade denominada Shindo Renmei (Liga do Caminho dos Súditos). Entregou-se à polícia com o restante do grupo e cumpriu 15 anos de prisão. Em liberdade, sofreu a punição da colônia japonesa: foi discriminado, condenado ao ostracismo, sem oportunidade para contar a sua versão. Décadas mais tarde, Hidaka iniciou uma busca por amigos e pessoas desse período para reconstruir a memória da época e encontrar um sentido à sua vida no Brasil. Nesta nova versão do documentário, integrantes da família Wakiyama falam do papel exercido por Jinsaku na comunidade nipo-brasileira paulista dos anos 1940 e expõem seu ponto de vista sobre os fatos. No documentário, Hidaka, com seus 89 anos, mas com uma lucidez invejável, visita a Ilha Anchieta (Ubatuba), onde esteve preso, e revela os detalhes daquela passagem.

Jun Okuhara assumiu também todas as reportagens. Fez a cobertura das visitas da princesa Sayako, em 1995; do então príncipe e atual imperador Akihito, em 1997, e do primeiro-ministro Junichiro Koizumi, em 2000. Na extensa agenda que resulta de visitas dessa magnitude, uma parada obrigatória acontece na sede do Bunkyo (rua São Joaquim), onde o Coral da Sociedade Brasileira Japonesa e de Assistência Social se encarrega de dar as boas-vindas às personalidades ilustres. Com Jun Okuhara à frente da produção, o programa *Imagens do Japão* reconquistou a estabilidade. Rosa Miyake também pareceu reconquistar a confiança, mas por pouco tempo.

Ao retornar para casa naquela fria noite de julho, Mario Okuhara não escondeu a decepção com os resultados dos exames médicos feitos após incômodas dores na região do estômago e nas costas. Os médicos descobriram um câncer no intestino e ele deveria começar o tratamento imediatamente. Mario reuniu a família e deu a notícia. Com sua tradicional praticidade, revelou já ter acertado a internação no hospital Santa Cruz, na Vila Mariana, e marcado a data da cirurgia. A partida para o hospital é algo que Rosa tenta esquecer. Pela primeira vez, ela via o marido, produtor e empresário, que sempre teve um contingente sob suas orientações, exibir um semblante frágil e carente.

O Hospital Santa Cruz é um dos símbolos da comunidade japonesa, foi erguido em homenagem aos paulistanos e ao Brasil. O prédio inaugurado em 1939 contou com a ajuda pessoal do imperador Hirohito, que, na ocasião, enviou à fundação responsável pela obra 50 mil ienes. O gesto foi seguido pelo governo japonês com outros 300 mil ienes, uma fortuna na época. O imperador também enviou um carregamento de tijolos e demais materiais de construção. O Santa Cruz, o primeiro hospital a ter um aparelho de raios X no país, ficou pouco tempo nas mãos da administração japonesa. Em 1941, foi confiscado pela ditadura Vargas, assim como outros bens pertencentes aos signatários do Eixo (Itália, Japão e Alemanha). Mesmo após o confisco, médicos e enfermeiras continuaram atuando no local e atendendo não só a comunidade, como também todos os que pediam ajuda. Na década de 1980, houve uma intensa campanha para exigir do governo a devolução do Hospital Santa Cruz à mantenedora original. Mario Okuhara participou ativamente da campanha, colocando à disposição os meios de comunicação dos quais dispunha, como o *Imagens do Japão*. Em 1989, durante o governo Sarney, o Santa Cruz voltou para a gestão nipo-brasileira e hoje atende ao SUS (Sistema Único de Saúde).

A cirurgia para a retirada do tumor foi bem-sucedida e Mario Okuhara regressou para a casa. Porém, meses depois houve uma recaída. O empresário foi novamente internado e, desta vez, a doença se mostrou mais agressiva. Ele faleceu em 2001, aos 72 anos de idade. Era o fim da Mario Okuhara Produc-

ニッケイ新聞 NIKKEY SHIMBUN

2016年　5月 26日（木曜日）

ラジオで日本文化紹介番組

（にほん ぶんか しょうかい ばんぐみ）

三宅（みやけ）ローザが今年（ことし）から毎週（まいしゅう）
Ｍドゥアルテ「Voce e curioso?」で

和菓子を食べながら収録する様子。（左から）シルヴァニアさん、ドゥアルテさん、ローザさん

バンデイランテス・ラジオ局（RB＝AM840、FM90・9）では、有名ジャーナリスト、マルセロ・ドゥアルテさん（51）は自分の番組「Voce e curioso?（あなたは面白い?）」（毎週土曜日午前10時から正午）用に三宅ローザさん（71、二世）のインタビューの収録を20分ほど行った。その様子は編集されて28日の同番組内で放送される予定。

ドゥアルテさんは84年から、サッカー専門誌「レビスタ・ブラカー」で研修生から初めて編集長まで叩き上げたスポーツ記者の生え抜き。

その後、プレイボーイ誌編集長、ヴェージャ誌編集長、サッカー博物館の監修も務めた。毎日あるラジオの仕事に加え、ESPNブラジルTV局では「Loucos por Futebol（サッカーに夢中）」の番組を昨年まで持っていた。超多忙な毎日にも関わらず、95年に刊行した著書「O Guia dos Curiosos（興味津々ガイド）」は10年間で78万部を売り上げるベストセラーになり、6冊の続編も売り上げるヒットに。

毎週1月からは毎週「Loucos curiosas do Japao」の看板ラジオ番組でローザさんと隔週（1月からは毎週）、毎月1月から2分間の日本文化紹介コーナー「Imagens por Futebol」で、司会をしてきた経験を生き生きと語った。

そんなドゥアルテさんの立ち上げたやり手に、ローザさんから矢継ぎ早に質問が飛び、ローザさんは「ミス・ニッポン」生活をしているローザさんは「ミス・ニッポン」生活をしているローザさんは「ミス・ニッポン」ス・ド・ジャポン」チャンネルを作り、収録。

制作している。同週の上院大統領罷免投票を受け、14日のテーマは「日本国憲法」と硬派なもの。だが普段は「ポケモン」等のアニメから伝統文化までを分かりやすく、面白おかしく解説し、聴取者からの評判を高めている。

その関係から今回呼ばれ、初の日系テレビ番組「イマージェンス・ド・ジャポン」を35年間に家族、特に父親が反対して大変だった。日系社会には恥の文化が強かった。でもだんだん評判を呼んで定着した」などのドゥアルテさんがユーチューブに「イマージェンス・ド・ジャポン」チャンネルを作り、収録を始めた時は、嬉が街で買ったお土産の饅頭をビキニ二で舞台に立つこと裏話を披露した。

三宅ローザさんが東洋街で買ったお土産の饅頭などをほおばりながら、なごやかに番組収録は進む。

大耳
小耳

Reportagem do jornal *Nikkey Shimbun* sobre o programa da Band FM *Você é curioso?*, com participação de Rosa Miyake.

tions Ltda. O programa *Imagens do Japão* prestou várias homenagens ao seu criador e ainda tentou se manter no ar, mas Rosa estava desanimada e dava mostras de que não superaria a perda de uma pessoa tão especial em sua vida e carreira. Ela desistiu da vida artística e o programa passou para o comando do filho, Mario Jun Okuhara.

Em várias ocasiões, Jun tentou levar Rosa Miyake de volta ao *Imagens*, mas ela resistia. Em 2005, um novo acordo foi acertado com a TV Gazeta e, por incrível que pareça, Rosa voltaria ao espetáculo. Porém, no dia da assinatura do contrato, ela surpreendeu a todos ao afirmar que, definitivamente, não conseguiria ir adiante. A namoradinha oriental dava o seu adeus ao programa que embalou gerações de nikkeis e brasileiros.

– Aos poucos, fui deixando de cantar, de gravar discos, algo que eu adorava fazer. Foi difícil me afastar da música. Ser apresentadora do *Imagens* não era ser artista, era, na verdade, ser uma porta-voz da colônia japonesa, naquele momento de grande intensidade de intercâmbio com o Japão. Aquilo foi sério. Tive que aprender rápido a lidar com o palco e tinha sempre a presença e o apoio de minha mãe e do meu marido. Minha preocupação era manter o nosso compromisso com o público, e isso deu muito certo, depois de muita luta. Por isso, tenho muito carinho por todos que passaram pelo programa, tenho saudades de todos os momentos, do respeito de todos que nos ajudaram a repercutir o *Imagens do Japão*. O programa estava acima da minha individualidade, era realmente uma missão, uma missão que consegui cumprir ao lado do meu marido. Ele se foi e nós sempre trabalhávamos juntos. O fim do programa foi natural. Nós não éramos apenas uma empresa fazendo um programa de TV, éramos uma família trabalhando pela comunidade japonesa e também pelos brasileiros. Sempre com muito apreço pelo telespectador. E lá se foram 40 anos. Passou rápido. Olho para trás e vejo tudo com saudade. O meu último desafio foi fazer um boletim em programa de rádio, mas passou também. E quero completar dizendo que estou muito orgulhosa, pois um dos meus sonhos está sendo realizado. No sábado (12-05-2018), véspera do Dia das Mães, Mario Jun estreou no rádio, com o boletim "Mais 81", código de área do Japão, apresentando curiosidades sobre o país pela Rádio Bandeirantes, no programa *Você é curioso?*, de Marcelo Duarte e Silvana Alves. E foi muito lindo, fiquei emocionada. Para mim, foi o presente de Dia das Mães. Era um sonho meu ver o Jun atuando na comunicação.

PROJETO
ABRANGÊNCIAS

O advogado Mario Jun Okuhara acrescentaria um novo olhar à questão da imigração japonesa. Popular na comunidade, Jun começou a se incomodar com as histórias que ouvia sobre a dura vida no campo enfrentada pelos imigrantes dos primeiros navios desembarcados no porto de Santos e do Rio de Janeiro, além da perseguição aos imigrantes do Eixo durante a ditadura Vargas, o conflito sangrento vitorista-derrotista (quem acreditava e quem não acreditava na derrota do Japão na Segunda Guerra Mundial) e a tortura e morte de japoneses nas mãos dos órgãos de repressão. Sem deixar de lado a produtora *Imagens do Japão*, Jun passou a trabalhar no sentido de resgatar essas histórias e, hoje, vê a necessidade de o Estado brasileiro prestar satisfação à comunidade e reconhecer os erros do passado.

— Eu tinha essa sensibilidade de saber sobre a história japonesa — afirma Jun Okuhara. — A questão da guerra era sempre pontuada em casa. Meu pai faleceu e eu tinha todo o material para fazer o programa *Imagens do Japão* de uma forma um pouco diferente, provocando o debate. No caso dos vitoristas e derrotistas, meu desejo era fazer uma série de reportagens. Eu também tinha a vontade de fazer um filme. Me tornei um cineasta ao lançar o documentário *Yami no ichinichi: o crime que abalou a colônia japonesa no Brasil.*

O documentário demorou 12 anos para ser concluído. O maior problema era conseguir que as pessoas que, de certa forma, participaram, testemunharam, ou simplesmente tinham algum conhecimento sobre os fatos, se dispusessem a falar. Depoimentos importantes demoraram até 7 anos para acontecer após o pedido de gravação. O filme foi concluído em 2012, e a partir daí teve 75 mil visualizações no YouTube.

A repercussão foi enorme. O filme se enquadrava nas investigações da Comissão Estadual da Verdade Rubens Paiva, da Assembleia Legislativa de São Paulo. Os casos de tortura, racismo e morte, ocorridos na década de 1940 durante a ditadura Vargas, foram acolhidos para análise pelo então deputado Adriano Diogo. Havia certa resistência da comunidade japonesa de trazer à tona as memórias do sr. Tokuichi Hidaka, um dos sete heróis de Tupã retratados no livro *Corações sujos*, de Fernando Morais. Ele como vitorista participou do assassinato do coronel Jinsaku Wakiyama, em 2 de junho de 1946. Houve estranhamento ao se deparar com um integrante da Shindo Renmei falando em reparação. Jun se concentrou nos relatos que envolveram a morte de Fukuo Ikeda, um dos 172 presos na Ilha Anchieta, em Ubatuba, durante a Segunda Guerra. Era o campo de concentração brasileiro. E também sobre a expulsão dos 6.500 japoneses e seus descendentes da cidade de Santos, em 8 de julho de 1943. Todos tiveram 24 horas para abandonar suas casas e seus pertences e foram levados para a Hospedaria dos Imigrantes, no Brás. Histórias que os japoneses escondiam da própria família, como uma lei do silêncio, passaram a chamar a atenção a partir do Projeto Abrangências, um fórum de debates que busca a reparação oficial do Estado, sem fins pecuniários, pela discriminação, tortura e morte de imigrantes japoneses no período da chamada Era Vargas, durante a Segunda Guerra Mundial. O caso dos expulsos de Santos comoveu o cineasta japonês Yoju Matsubayashi, que veio ao Brasil para produzir um documentário sobre o triste episódio.

– Depois da comissão da audiência pública na Assembleia de São Paulo, considerei importante falar em outros órgãos do Estado – destacou Jun Okuhara. – Foi feita audiência pública em Tupã, um município de forte presença japonesa. A partir daí, foi redigido o documento enviado à Comissão da Anistia do Ministério da Justiça, um pedido de retratação sem fins pecuniários. Pedia-se apenas que o Estado reconhecesse os erros cometidos contra a comunidade. Me tornei um ativista da causa. E sempre baseado nas lembranças de meu pai. Na mesa de jantar, ele falava bastante, contava como os Okuhara sofreram com a discriminação ao chegar a Araçatuba. Meu pai costumava dizer que os nisseis eram sobreviventes no Brasil.

O presídio da Ilha Anchieta mantém até hoje suas características. É um museu a céu aberto. Entre os 172 presos, estavam os ancestrais da cantora Fernanda Takai, do grupo Pato Fu. Toshisaburo Takai, o bisavô; e Toshita Takai, o avô, foram companheiros de Fukuo Ikeda. As sessões de tortura costumavam ocorrer quando policiais brasileiros exigiam que os imigrantes presos pisassem na bandeira japonesa, o chamado fumiê, ato que revelaria quem despreza a origem. Nunca, em nenhum momento, se pisou na bandeira imperial ou na bandeira moderna, com o sol vermelho ao centro. A retidão dos detentos causava a ira dos opressores.

O Projeto Abrangências enumerou muitas violações, recebeu o apoio da Associação Okinawa Kenjin do Brasil e atravessou fronteiras, sendo reconhecido pela Associação Nacional Nipo-Canadense. Todo esse trabalho tem sido rigorosamente registrado pelo jornal *Nikkey Shimbun*, sob os cuidados do jornalista Masayuki Fukasawa. Essa história não termina aqui, e o filho de Rosa Miyake ainda tem um longo caminho a percorrer.

JUN

Numa tarde de quarta-feira, preso à curiosidade, atendi ao convite de uma pessoa, conhecida através de rede social, e compareci a uma cerimônia no Bunkyo, no bairro da Liberdade. Na ocasião, o sr. Yasuo Yamamura entregava à entidade um estandarte da organização clandestina Shindo Renmei, que pertenceu ao pai do doador, Tamotsu Yamamura. Era o estandarte da célula da organização em Valparaíso, interior de São Paulo. O sr. Yamamura explicou que o estandarte ficou guardado no fundo de uma gaveta com a orientação de que nunca poderia vir a público. A Shindo Renmei, como dito anteriormente, retratada na obra *Corações sujos*, de Fernando Morais, foi uma organização formada por "vitoristas", imigrantes japoneses que não acreditavam na derrota do Japão na Segunda Guerra, e que perseguia os chamados "derrotistas", imigrantes que aceitavam a derrocada de Tóquio. Os vitoristas cometeram 24 assassinatos e deixaram mais de 100 feridos.

Quem recebeu o estandarte foi o produtor de TV e advogado Mario Jun Okuhara, encarregado de cuidar do espaço do museu dedicado às causas do Projeto Abrangências. Foi quando também conheci o sr. Masayuki Fukasawa, chefe de redação do *Nikkey Shimbun*, hoje o mais prestigiado jornal da comunidade japonesa e de seus descendentes.

A história da Shindo Renmei me interessava bastante, porque tive um tio preso durante a ditadura Vargas por criar uma organização clandestina dedicada aos imigrantes japoneses que quisessem fazer a viagem de volta à Terra do Sol Nascente. A Taisei Yokuban Doshi Kai (Associação dos Correligionários da Cooperação da Grande Política), um nome pomposo, porém de pouco sentido, queria, ainda, o direito de ler e escrever no idioma japonês, o que se tornou praticamente inviável em razão das restrições aos países do Eixo durante a Segunda Guerra Mundial. Meu tio, Heitaka Taira, foi preso em 1942, processado na Lei de Segurança Nacional e libertado em 1949, anistiado pelo governo. Ele manteve contato com integrantes da Shindo Renmei, mas condenava o uso de armas. O caso ocorrido com Heitaka é contado no livro *A assinatura do preso*, de minha autoria.

E como a vida é cheia de surpresas, nas conversas que tive com o meu novo amigo, descobri que ele era filho de Rosa Miyake, a talentosa cantora e apresentadora que embalava os finais de semana em minha casa, onde meu pai grudava em frente à televisão para ouvir canções, notícias e entrevistas sobre sua terra natal. Mario Jun Okuhara se tornou um grande amigo e, por influência dele, voltei a frequentar o bairro da Liberdade, algo que não fazia há muito tempo. Já almoçamos no Porque Sim, no Ban, e tomamos café no Porta do Sol. A maior honra foi conhecer pessoalmente Rosa Miyake, com quem mantenho contato desde então e a quem agradeço pelas conversas que me orientaram neste livro.

AGRADECIMENTOS

A produção deste livro só foi possível graças ao empenho de Mario Jun Okuhara, que me deu acesso a seus arquivos pessoais e do programa *Imagens do Japão*; à paciência de Rosa Miyake com meus insistentes telefonemas e mensagens. Outro colaborador incansável foi o sr. Masayuki Fukasawa, escritor e jornalista do *Nikkey Shimbun* (dirigido por Raul Takaki); agradeço também ao jornalista Boris Casoy, pela gentileza de falar de suas lembranças na Rádio Santo Amaro; aos ex-produtores Osvaldo Negami e Jorge Nishikawa; ao jornalista Osmar Maeda; à Gioji Okuhara; à tia Tereza Hitomi Uesugui; aos cantores Joe Hirata e Ricardo Terashita; ao engenheiro Nilton Marubayashi; ao mais sambista dos japoneses, Hidenori Sakao; às ex-misses, Luciana Asakawa e Estela Tateno; ao físico André Korosue; à Celia Abe Oi, coordenadora de Comunicação do Bunkyo (presidido por Harumi Goya); à companheira de TV Cultura, Rita Okamura; à professora Akiko Kurihara; ao Sérgio Kobayashi; à Michiyo Nakata e ao Kenji Takemoto, diretor-presidente da Associação Literária Nikkei Bungaku do Brasil; e às crianças Mariana Sayuri (Mamá), Mário Henrique e Guilherme Eiji, netos de Rosa.

O AUTOR

Ricardo Taira é paulistano do bairro do Brás. É formado em música clássica, mas nunca exerceu profissionalmente os dotes adquiridos no período de conservatório musical. Como jornalista, passou pelas principais redações de emissoras de TV do país, tendo também atuado na TVE da Espanha na década de 1980. Hoje exerce a função de coordenador geral de Jornalismo da TV Cultura da Fundação Padre Anchieta-SP. Pela Editora Contexto publicou também *A história de Rolando Boldrin: Sr. Brasil*, junto com Willian Corrêa.

GRÁFICA PAYM
Tel. [11] 4392-3344
paym@graficapaym.com.br